U0036224

心理史學
Psychohistory

張廣智　周兵／著
孟　樊／策劃

出版緣起

社會如同個人，個人的知識涵養如何，正可以表現出他有多少的「文化水平」（大陸的用語）；同理，一個社會到底擁有多少「文化水平」，亦可以從它的組成分子的知識能力上窺知。眾所皆知，經濟蓬勃發展，物價生活改善，並不必然意味著這樣的社會在「文化水平」上也跟著成比例的水漲船高，以台灣社會目前在這方面的表現上來看，就是這種說法的最佳實例，正因爲如此，才令有識之士憂心。

這便是我們——特別是站在一個出版者的立場——所要擔憂的問題：「經濟的富裕是否也使台灣人民的知識能力隨之提昇了？」答案恐怕是

不太樂觀的。正因爲如此，像《文化手邊冊》這樣的叢書才值得出版，也應該受到重視。蓋一個社會的「文化水平」既然可以從其成員的知識能力（廣而言之，還包括文藝涵養）上測知，而決定社會成員的知識能力及文藝涵養兩項至爲重要的因素，厥爲成員亦即民眾的閱讀習慣以及出版（書報雜誌）的質與量，這兩項因素雖互爲影響，但顯然後者實居主動的角色，換言之，一個社會的出版事業發達與否，以及它在出版質量上的成績如何，間接影響到它的「文化水平」的表現。

那麼我們要繼續追問的是：我們的出版業究竟繳出了什麼樣的成績單？以圖書出版來講，我們到底出版了那些書？這個問題的答案恐怕如前一樣也不怎麼樂觀。近年來的圖書出版業，受到市場的影響，逐利風氣甚盛，出版量雖然年年爬昇，但出版的品質卻令人操心；有鑑於此，一些出版同業爲了改善出版圖書的品質，進而提昇國人的知識能力，近幾年內前後也陸陸續續推出不少性屬「硬調」的理論叢書。

這些理論叢書的出現，配合國內日益改革與開放的步調，的確令人一新耳目，亦有助於讀書風氣的改善。然而，細察這些「硬調」書籍的出版與流傳，其中存在著不少問題。首先，這些書絕大多數都屬「舶來品」，不是從歐美「進口」，便是自日本飄洋過海而來，換言之，這些書多半是西書的譯著。其次，這些書亦多屬「大部頭」著作，雖是經典名著，長篇累牘，則難以卒睹。由於不是國人的著作的關係，便會產生下列三種狀況：

1.譯筆式的行文，讀來頗有不暢之感，增加瞭解上的難度。
2.書中闡述的內容，來自於不同的歷史與文化背景，如果國人對西方（日本）的背景知識不夠的話，也會使閱讀的困難度增加不少。
3.書的選題不盡然切合本地讀者的需要，自然也難以引起適度的關注。至於長篇累牘的「大部頭」著作，則嚇走了原本有心一讀的讀者，更不適合作爲提昇國人知識能力的敲門磚。

基於此故，始有《文化手邊冊》叢書出版之議，希望藉此叢書的出版，能提昇國人的知識能力，並改善淺薄的讀書風氣，而其初衷即針對上述諸項缺失而發，一來這些書文字精簡扼要，每本約在六至七萬字之間，不對一般讀者形成龐大的閱讀壓力，期能以言簡意賅的寫作方式，提綱挈領地將一門知識、一種概念或某一現象（運動）介紹給國人，打開知識進階的大門；二來叢書的選題乃依據國人的需要而設計，切合本地讀者的胃口，也兼顧到中西不同背景的差異；三來這些書原則上均由本國學者專家親自執筆，可避免譯筆的詰屈聱牙，文字通曉流暢，可讀性高。更因爲它以手冊型的小開本方式推出，便於攜帶，可當案頭書讀，可當床頭書看，亦可隨手攜帶瀏覽。從另一方面看，《文化手邊冊》可以視爲某類型的專業辭典或百科全書式的分冊導讀。

我們不諱言這套集結國人心血結晶的叢書本

身所具備的使命感，企盼不管是有心還是無心的讀者，都能來「一親她的芳澤」，進而藉此提昇台灣社會的「文化水平」，在經濟長足發展之餘，在生活條件改善之餘，國民所得逐日上昇之餘，能因國人「文化水平」的提昇，而洗雪洋人對我們「富裕的貧窮」及「貪婪之島」之譏。無論如何，《文化手邊冊》是屬於你和我的。

孟樊

1993年2月於台北

自序

歲末，晚上在系上開會。會議間歇，從文科大樓九層遠眺。此刻，晚風習習亦沁人，夜幕已經垂下，街燈亮了，邯鄲路上的車燈，斷續相綴，組合成一條閃動的光帶，環抱著校區；掩映在綠樹叢中的幢幢樓宇，也先後放光，透過窗櫺，依稀可見學子們自習的身影……好一派學府夜景圖。我與周君一起欣賞這夜色，這夜色中的復旦，情不自禁地爲她叫起好來。

靜謐的冬夜，溫馨的校園，不由令人遐想連翩。是呀！再過幾天，二十世紀將走完它的最後行程，新世紀也將誕生，又適逢人類第三個千禧年的來臨，怎不更令人百思交集。在這紛繁的思緒中，由這夜色，由這夜色中的校園夜讀，從我腦海中最先迸出的卻是，要提昇現代人的文化水平。不是嗎？在當今物質豐裕而道德淪喪、科學昌明而倫理失衡、理性高揚而人性墮落的現時代，重構現代人類文明體系的任務沉重地擺在世人的面前，在文明的吶喊聲中，我們確實感悟到，提昇現代人的文化水平，此乃現代社會所要面對的首要任務也。

於是，我想到了孟樊兄策劃的「文化手邊冊」，想到了他所寫的那篇旨趣宏遠的「出版緣起」，他在那兒的呼籲，我是深表贊同的。誠然，在提昇現代人文化水平的工作中，像復旦這樣的高等學府是責無旁貸的，但這卻遠遠不夠，它還需要借助社會各方的力量，比如揚智出版社向社會各界推出的「文化手邊冊」。

在我看來，基礎與高深、通俗性與學術性、大眾文化與菁英文化，在它們之間並不是截然對立的，而只有意向性的差異，它們始終存在著某種相互依存、相互制約、相互補充、相互轉化的辨證關係。你說「文化手邊冊」所傳揚的是什麼文化？是大眾文化還是菁英文化？任何對文化的兩分法都是有缺陷的，唯有透過對不同出版物和不同讀者群落的具體分析，對作品問世後社會各界的不同反響，才能顯示出它們兩者的不同的品格。我並不認爲我在「文化手邊冊」撰寫的《影視史學》只是在傳播大眾文化，從此間大學生閱讀它而又到處覓求它，並被列入大學有關課程的參考書，它分明又在宣揚一種菁英文化。我們寫的這冊《心理史學》既是面向社會大眾，也是可供專業工作者參閱的。此論對已出版的「文化手邊冊」諸書，也可作如是觀。

祝願「文化手邊冊」在提昇現代人文化水平的任務中作出新的貢獻。欣聞拙書出版，略抒片言，是爲序。

張廣智

2000年歲末寫於復旦大學歷史系

目　錄

緒論

打開這本小書，請讀者諸君首先瀏覽一下這些文字：

> 1928年，她從中學畢業。
>
> 在這張已經殘破的發黃的照片上，留著她那時的美麗，就像波切提尼畫中從貝殼裏剛剛誕生的維納斯那樣地美麗。而我看到的是，在美少女不同於模特兒的嬌嫩純潔裏面，還有一些不同於維納斯的晶瑩堅硬的東西，像鑽石一樣透明但卻似銳利的東西，這是在從前小女孩子的照片裏所沒有的表情，閃爍在她嬌柔的眼光裏。[1]

她在1958年拍攝的一張照片上。

她的脖子突然縮進衣領，笑容中有種悻悻然，從前的精緻全無，連以後的晶瑩也沒了。她第一次在照片中將手沒有儀式感地平攤在膝蓋上，因為在學習班上，她開始和全國人民一起大煉鋼鐵，她們在常熟路的一家院子裏蓋起了土磚窯，在裏面黑煙滾滾地，將從私家花園拆下的鐵柵欄、鐵門、甚至老式大門上的大鐵鑰匙，在鍋裏燒化。日復一日，她的雙手已經粗糙不堪，散佈著細小的傷口。在這張照片上，戴西像一個正在痛苦脫殼的蠶寶寶一樣，默默地仰著頭。[2]

在九〇年代。她的臉相，經過四十年雙重生活的壓力，仍然是溫和嫵媚的，雪白的卷髮環繞，上了大紅的唇膏，還是老派婦女的審美觀，但我想到了一隻狐狸——優雅、聰明、狡黠，牠站在黑色的樹林外，白色的雪地上，審度著，帶著「你知道了什麼？」「你想對我幹什麼？」式的疑問，隨時準備逃遁。此時，二〇年代的率真已蕩然無存。[3]

這幾段引文中的「她」，均爲郭婉瑩（原名戴西）女士。稍知一點老上海歷史的人都知道，郭婉瑩乃滬上四大公司之一的永安公司（現稱華聯商廈）郭氏家族的四小姐。作家陳丹燕對郭婉瑩的幾張老照片，以細膩的筆法，透過描述主人翁的面部表情，以形傳神，傳達出人物的心靈世界的變化，從而以小見大，折射出二十世紀中國所發生的變化（從二〇年代到五〇年代，到九〇年代），進而表現出某種歷史意念。並藉由人物內心世界的心理活動，以更好地理解歷史，去揭示歷史的眞相，而這正是心理史學的題中應有之義。因爲，由於它的探賾索隱，我們自人的心理活動中，發現了人的眞相，因而也就部分地發現了歷史的眞相。

那麼，什麼是心理史學呢？簡單地說，本書作者的「工作定義」是：

> 心理史學是歷史學與心理學的嫁接而產生的一門新學科，它借助於運用心理學的理論與方法，來探索人類過去的種種行為，進而更全面與更深刻地闡明人類歷史發展的客觀進程。[4]

心理史學的英語表述爲Psychohistory。在學界，關於心理史學（Psychohistory）一詞有各種稱法（或譯法），如有的學者把它稱之爲心態史學。其實心理史學與心態史學還是有區別的，這不僅差異在：前者盛行於美國，後者繁茂於法國，還在於它們兩者在研究內容與手段上的分野。當然也有相同的地方，在正文中，我們將會從學理上作一點說明。至於心理史學（或稱心理歷史學）以及歷史心理學（Historical Psychology），雖然兩者也互有聯繫，但卻屬於不同的學科範疇，前者歸之於歷史學的分支學科，而歷史心理學顯然是屬於心理學的學科範圍了。

於此還有一點需要說明，心理史學既然是

借助於運用心理學的理論與方法，去探索人類的行爲，以揭示歷史的眞相——雖說用佛洛伊德的精神分析學說運用於歷史學的研究，是現在當代西方心理史學的主流，但也有將非精神分析學說（如行爲主義與認知心理學）運用於歷史學研究的——所以，當代美國心理史學家艾力克·艾力克森（Erik H. Erikson）所稱：「從根本上來講，心理史學就是用精神分析理論和歷史學相結合的方法來研究個人和群體的生活」，就不免失之偏頗了。

現代心理史學的始作俑者是奧地利心理學家佛洛伊德（Sigmund Freud），他於1910年出版了《列昂納多·達·芬奇及其對童年的一個記憶》，奠定了現代心理史學的理論基礎。二次大戰後，以艾力克森爲代表的新一代心理史學家，突破了佛洛伊德所設置的理論架構，重視社會文化因素的影響，進一步推動了心理史學的發展。

從1910年迄至今日，現代心理史學將近走完百年路程。在這並不短暫的進程中，物換星移，世事沉浮，陳說新潮，旋起旋落。心理史學亦不斷面對考驗，接受挑戰，終在兼容繽紛的多元世界中，繁榮滋長，求得一席之地。用美國學者理查德．舍恩沃爾德的話來說，就是：「心理史學家現在認爲新的一天已經破曉，至少是同行間溫和的冷淡，以及經常是許多同事眞正的同情與支援替代了多年的兇猛攻擊。心理歷史學必須證明它眞正的價值，一種與日俱增的價值。」[5]

是的，心理史學的價值將隨著時間的推移而與日俱增。當代世界，人文低迷，物欲橫流，社會在前進，文明卻在吶喊，精神家園的失落，現代人不知欲歸何方？於是，人們需要開拓視界，需要在歷史的觀照中，尋求心靈的安寧、精神的感應，以消弭徬徨、融解迷茫，去修煉一種更健全的精魂。

這本小書，意趣雖高遠，但作者卻是「眼高手低」。我們只是從小處落墨，向大眾社會介紹一種域外新說，以增見聞。當然，「介紹」也不是不偏不倚與「客觀主義」的，於是作者的淺見也就彙在全書各章節之中了。如果讀者諸君，能由此鼎嚐一臠，管中窺豹，聯想前述之大趣，然後登堂入室，心有靈犀，洞悉人性之奧秘，從而去感悟人生、去創造文明，則就是我們最大的收穫了。

注釋

1.陳丹燕，《上海的金枝玉葉》，北京，作家出版社，1999年9月，第一版，第29-30頁。

2.同注1，第140頁。

3.同注1，第123頁。

4.張廣智主編，《西方史學史》，上海，復旦大學出版社，2000年1月，第一版，第329頁。

5.轉載伊格爾斯主編，《歷史研究國際手冊》，陳海宏等譯，北京，華夏出版社，1989年5月，第一版，第90頁。

第一章
克麗奧的新同盟軍

現代世界，萬象紛陳。在科學昌盛的時代，學術易幟，新陳代謝，永無止境。現代社會在進步，現代歷史學也在翻新，學科融合，知識交匯，正成爲時尚，歷史學家不能只關在森嚴的學術殿堂裏探幽索微，克麗奧女神再也不能孤芳自賞、顧影自憐了。

第一節　「史學革命」

克麗奧（Clio，古希臘神話中的九位繆思女神之一，司歷史）最新結識的「盟友」之一便是心理學。「心有靈犀一點通」。當奧地利心理學家佛洛伊德試圖用心理學理論（精神分析學說）嘗試進行歷史研究，寫出論述達·芬奇的長篇專論之日，也正是大洋彼岸的美國歷史學家詹姆士·魯濱遜（James H. Robinson）爲「史學革命」搖旗吶喊之時。歷史學的「新同盟軍」一說，即爲魯氏所提出。本節意在藉由二十世紀初年，亦即與心理史學同步而生的年代，對這位倡言進行跨學科研究的美國新史學派的代表人物魯濱遜的簡略介紹，爲現代心理史學之嚆矢，鋪陳歷史學的背景。這當然也是以蠡測海，以莛撞鐘了。

我們知道，西方的傳統史學至十九世紀的德國史學大師蘭克（Leopold von Ranke）時，奠定了「科學的」歷史學的典範，並走上了專業化與職業化的道路。蘭克史學典範的確立，對後世的西方史學產生了巨大的影響，正如英國史學家阿克頓（Lord Acton）所說：「我們每走一步都要碰到他，蘭克對我們的貢獻比任何人都來得大。」

如一切科學一樣，傳統史學達到頂峰之際，也是需要突破、創新之時。於是，傳統史學面臨著嚴峻的挑戰，而蘭克學派的傳人布克哈特（Jacob Burckhardt）則成了從傳統史學營壘內部攻訐傳統史學的第一人。在十九世紀與二十世紀交替之際或稍後，德國歷史學家卡爾·蘭普勒希特（Karl Lamprecht）與法國歷史學家亨利·貝爾（Henri Berr）都以自己的新史學觀念，向蘭克史學發難。尤其是後者，他不僅哺育了年鑑學派的創始人，而且在二十世紀最初的年代裏，奮起批判傳統史學，倡導新史學，被認爲是一匹安置在傳統史學營壘中的「特洛伊木馬」。

魯濱遜作爲二十世紀初新史學陣營中的一位「梟雄」，他的史學貢獻，既呼應了歐洲的新史學潮流，而他在美國的推波助瀾，又進而催動著歐洲的史學革新。歐美兩股對抗傳統史學潮流的交匯，有力地促進了現當代西方新史學的發展。

1911年，魯濱遜的代表作《新史學》出

版。他開宗明義地在書中宣稱：歷史學也「需要一個革命」。在該書中，作者有一段很重要的「自白」：

> 本書之所以命名為《新史學》，也就是要特別強調：我們不應該把歷史學看作是一門停滯不前的學問，它只有藉由改進研究方法，搜集、批判和融化新的資料才能獲得發展。恰恰相反，我們認為歷史學的理想和目的應該伴隨著社會和社會科學的進步而變化，而且歷史這門學問將來在我們學術生活裏應該占有比以前更加重要的地位。[1]

這段自白是魯濱遜爲代表的現代美國「新史學派」的「宗旨」，他們在史學上所進行的革新運動都是從這一點出發的。

魯濱遜及其魯氏弟子的雄心勃勃的計畫是試圖要從總體上重建人類文明史。在他看來，「從廣義來說，一切有關人類在世界上出現以來所做的、或所想的事業與痕跡，都包括在歷史範圍之內。大到可以描述各民族的興亡，小到描寫一個最平凡的人物的習慣和感情……歷史是研究人類過去事業的一門極其廣泛的學問。」[2]因此，按照這個定義，他認爲歷史研究的範圍是廣闊無比、無所不包的。魯濱遜的弟子又進一步把歷史研究的範圍擴展到整個人類文化的發展進程。對此，巴恩斯這樣說：「意識的成長、習俗的構成、藝術的進步、自然科學的興起、物質文明的演進，以及諸種經濟、社會、政治團體及制度的變化等等」[3]都應該是歷史研究的物件。

他們的這些言論確是有的放矢，這就是針對當時歐美史學界陳腐的歷史觀念及其在這種觀念指導下、恪守政治軍事史傳統的陳腐的歷史著作，以「新史學派」之說爲「矢」去攻陳腐的傳統史學之「的」，意在爲新史學鳴鑼開道。魯濱遜有其言也有其行，其弟子們更是個個爭先，他們的作品不僅在當時的美國學術界暢銷一時，迄至今日也仍有影響。

魯濱遜的史學思想犖犖大端，我們在這裏

只強調與本書題旨有關的內容，一是他倡導的跨學科的研究；另一是他注重開拓人和歷史文化現象的心理研究，注重歷史研究與心理學的「結盟」。

關於跨學科研究，著名的法國新史學派——年鑑學派，1929年1月15日該派發軔時，在創辦的《經濟與社會史年鑑》〈發刊辭〉第一條中就明言：打破學科之間的「隔牆」，從事跨學科的研究。在這方面，魯濱遜的倡導較之年鑑學派足足提前十八年。魯氏在《新史學》列有專章，名爲「史學的新同盟軍」。「新同盟軍」者，與史學相關的姊妹學科之謂也。史學之所以要與其他學科「結盟」，在魯濱遜看來，這是因爲：

> 人類各種學問的範圍本來是臨時的、無定的、常常變化的。各種學問的界線是互相交錯的。……一切的科學都是永遠互相依賴的。每一門科學的生命都是從其他科學中吸取來的；而且它們所取得的進步絕大

可能性也都是有意地或無意地靠著其他科學的幫助。[4]

魯氏之論，反映了現代科學發展的一種趨勢。二十世紀以降，由於自然科學出現了一系列重大的突破，迅速改變著現代世界科學的藍圖；自然科學奔向社會科學，自然科學與社會科學的相互融合，以及社會人文科學內部各學科之間的相互滲透、相互交匯，已成爲科學發展的時代潮流。可以預料，隨著各學科之間的「隔牆」逐漸被打破，傳統史學再也不能固守自己的一隅之地，史學確實要與「新同盟軍」結盟，才能適應時代的需要，適應學術發展的趨勢，捨之別無他途。

關於歷史學與心理學的結盟，魯濱遜在《新史學》中著墨尤多，他把心理學細分爲動物心理學、社會心理學與比較心理學。他尤其竭力批駁心理學與歷史學不能「結盟」的陋見。在他看來，這個看法是錯誤的，至少在關於文化的性質和傳播的問題方面是錯誤的。爲此，他用動物心理學與歷史學的關係爲例作了闡述，他說：

> 假使我們不懂得一些動物心理學，我們就不能瞭解人類文化的性質是有別於我們只是從動物身上繼承過來的遺跡。歷史學家若能把高級的、少有的、人類特有的心理，同我們由於祖傳習慣，現在還經常在依賴的那些優勢的基本的類人猿心理方式加以區別，那麼，對於思想的變遷、制度的發展、發明的進步、幾乎一切的宗教現象等問題，恐怕就要容易研究得多了。[5]

此外，在魯濱遜眾多的著作中，另有與此處意趣相近的作品，即《心理的改造》(有1930年的中譯本)。在該書中，他談到了歷史知識的作用，認爲歷史知識可以幫助人們破除保守思想，用一種明智的態度來對待世界上的萬事萬物，這就爲社會進步創造了條件。他甚至主張用歷史知識去「解放」人類的「智力」，在他看來，要推動人類社會的進步，「除了智力的解放以外，我沒有其他的改革方案可以提出；而這個方案卻是最急需的、最重要的。」此君所言「智力的解放」，曾遭學界責難。其實提出「智力的解放」即吾人今日所謂「思想解放」之近義詞也。對於人類社會的進步而言，智力確需要開啓，確需要增長，確需要解放。歷史知識怎會不有助於智力的開啓、增長與解放呢？提倡「智力解放」，何罪之有？

第二節　通向心理學之門

心理學有著悠久的歷史。通往心理學之門的路是漫長的，當代美國心理學史家黎黑（Thomas H. Leahey）嘗言：

> 心理學有一個長期的過去、一個短暫的歷史和一個不確定的未來。[6]

此處簡說西方心理學的「一個長期的過去」，當然只能是三言兩語的。疏鑿源流，心理解釋之濫觴可以追溯到古希臘神話傳說的年代。在文字發明之前，祭神巫祝，行吟歌手，口述相傳的神話與史詩，爲後世保存了原始先民對自然與社會的最初活動的記錄，著名的荷馬史詩（包括《伊里亞德》和《奧德賽》兩部）是古希臘人步入文明時代之前的一面鏡子，它折射出遠古時代的人們處於朦朧中的歷史意識，也爲我們記錄了前哲學時代的「常識心理學」。

在古希臘時代，有關心理的生理基礎知識，是與西方「醫學之父」希波克拉底（Hippocrates）聯繫在一起的。他在《論人的本性》中說，人體含四液，即粘液、膽液、胃液、血液，正是這四種液體形成了人體的性質，人的痛苦是由於這四液不適當的比例所導致。這四液的搭配也決定了人的氣質。這是在古代醫學條件下，對人的生理機能的一種很樸素的解釋。

對於人事，亦即用心理解釋人事，智者派哲人普羅塔哥拉（Protagoras）、哲學家蘇格拉底（Socrates）等人，多有涉及。我們這裏要給歷史學家的心理解釋多留幾筆。古希臘卓越的歷史學家修昔底斯（Thucydides）以傳世名篇《孛羅奔尼撒戰爭史》享譽後世，他在尋思「人事成敗之跡，城邦興廢之由」時，尤其在對人性的分析時，深受希波克拉底的影響，書中頗多心理學的分析，故他被後人稱之爲「心理史之父」。羅馬史家塔西陀（Tacitus）繼承修昔底斯的傳統，他對共和制下的羅馬貴族的自由生活不勝懷念，對羅馬早年淳樸的民風不勝歆羨，對羅馬帝制下的專制黑暗不勝痛恨，對他所生活的時代的世風日下與道德淪喪不勝憤懣。他的筆風與修昔底斯是一脈相承的，他對人對事所作出的種種心理分析是令人難忘的。

以心理解釋歷史、以心理解釋社會、以心理解釋政治，在古代希臘羅馬作家中，如亞里斯多德（Aristotle）、西塞羅（Cicero）、波里比阿（Polybius）等人那裏都有說法，在此不容詳列。

隨著文藝復興運動及其廣布，西歐中世紀

的漫漫長夜即將破曉，而近代社會的曙光正在來臨。在這個時代湧現出來的一批人文主義者，開始從根本上突破中世紀的神學體系，與基督教舊的世界觀決裂，他們著意要把人放到歷史畫面的中心，對人極盡讚美之能事，稱之爲「宇宙的精華，萬物的靈長」。按理說，在這樣一個歌頌人的時代，也會著手進行心理學的研究，但卻什麼都沒有。人文主義者讚揚人、重視人的創造力，是爲了確立人在自然中的自身的地位，但不是研究他們。即使是培根（Francis Bacon）所做的也僅僅是修改了中世紀的「官能心理學」。因而在文藝復興時代，西方心理學並沒有取得什麼進展。

自後文藝復興時代至啓蒙運動時代，笛卡兒（Rene Descartes）以他天生的理性找到了眞理的源泉，並因此建立了近代理性主義；在英國，洛克（Locke）在無偏見的觀察中發現了眞理，並因此建立了近代經驗主義。[7]總之，無論是笛卡兒、斯賓諾莎（Spinoza）、萊布尼茨（Leibnitz）、霍布斯（Hobbes）、洛克、休謨

（Hume）與康德（Kant）等人，對心理學多有著述，多所貢獻，對後世影響很大。而霍布斯、洛克、休謨等人，則成了聯想主義心理學派（Associational Psychology）的主要代表，而該派也成了西方心理學史上具有承先啓後的近代學術派別。對於康德，有一點需要補白，他雖不專事研究心理學，還認爲心理學是心靈的內省研究，不能成爲一門科學。其引起人們關注的《實用人類學》著作，所談及的心理學問題，也只是「常識心理學」而已。不過他對後世心理學的影響卻是不容置疑的，如對他的同胞、現代心理學之父馮德（Wundt）的影響。

至十九世紀，西方學術的各個領域都取得了長足的進步，例如歷史學，由於德國歷史學家蘭克的努力，終於發展爲一門獨立的學科；例如心理學，由於德國心理學家馮德的努力，也走向了科學之門，擺脫了哲學的附屬地位，成了一門獨立的學科。

十九世紀學科獨立的紛出，歸根結底是時代的產物，是時代進步與學術思潮的產物，盛行於十九世紀的時代與學術潮流。概而言之，諸如浪漫主義、功利主義、聯想主義、實證主義、歷史主義等，以及對各門學科產生都具有影響的馬克思主義。

此外，在十九世紀各門學科獨立的學術氛圍中，其他專門學科的發展無疑對初生的科學心理學的建立作出了重大的貢獻，如生理學、物理學、數學、天文學乃至歷史學等等，特別是已成氣候的英國的聯想主義心理學（此時它還未與哲學分離），對科學的心理學的產生都產生了直接與間接的影響。

走向科學心理學科學之門的第一人是馮德。他原本是一位心理學家，後來專事心理學的研究。1862年，他發表《感官知覺理論》，首次提出了「實驗心理學」的名稱，倘無實驗心理學，心理學的獨立是無從談起的。1879年，他在萊比錫大學創辦了世界上第一個心理學實驗室，這是一個標誌性的年代，自此那個從古希臘時代開始的通向心理學科學之門的目標終於實現了。

作爲現代心理學的奠基者，馮德的心理學經歷了從生理學—實驗心理學—社會心理學的演變，其思想體現在他的代表作《生理心理學綱要》一書中。在馮德看來，心可以分析爲各項元素，複雜的心理過程都是由這些元素結合而成的，心理元素結合成複雜過程有一定的規律，心理學的任務在於在實驗的條件下，對心理內容作元素主義的分析。[8]他的心理學思想，接受了自英國洛克以來的聯想主義心理學派的觀點而有所發展，用後來英國心理學家、馮德的門生鐵欽納（Titchener）所言，歸屬於「構造心理學派」（Structural Psychology），但通常所指的「構造心理學派」則是到了鐵欽納時才正式命名的。

作爲科學心理學的開山祖師，馮德在西方心理學史上的地位，有學者作了這樣的評價：

> 構造派心理學是心理學史上第一個離開哲學的懷抱而成為一門獨立的實驗科學的心理學派別。……正因為如此，一般心理學

家們都公認1879年是心理學史上劃時代的一年，並認為馮德是心理學史上真正配稱為心理學家的第一個人。[9]

對於這一評價，馮德是當之無愧的。

第三節　紛繁的派系

我們認爲，現代學術風行的跨學科研究，以及由此而萌生的諸多的交叉學科與新興學科，不是憑空而生的。這裏有時代的條件，如計量史學不可能產生於十九世紀乃至二十世紀上半葉，因爲那時還沒有發明電腦，捨此現代意義上的計量史學就無從談起；也有學科自身的因素，交叉學科，如心理史學，它的產生有一個最基本的學科條件，那就是相互嫁接與交匯的學科是兩門成熟了的學科，它們之間應有互補與反饋的輻射性，因此，本書所說的心理史學不可能產生於歷史學與心理學未獨立的十九世紀以前，而只能在這之後。

自從心理學從哲學中脫穎而出之後，現代心理學的發展就大步向前了。其間宗派叢生，諸說交織，各種思潮繁衍，歸納起來，自十九世紀末以來，流行於現當代的西方心理學派系就其大者，主要有以下幾個。我們的述說是黎黑所云的「一個短期的歷史」，即心理學作爲一門科學以來的一百多年的歷史。

一、功能心理學派（或稱機能心理學派）

早期的「功能心理學派」（Functional Psychology）發生於西歐，以德、英二國爲主，他們主張心理學旨在研究心理機能而非研究心理內容，一般不強調心理使人適應環境的功用，這與前面提及的構造心理學派強調研究心理內容有別，我們在這裏要說的是較爲典型的功能心理學派，即美國的以威廉·詹姆斯（William James）爲代表的功能心理學派，而詹姆斯本人即爲美國實用主義哲學的創始人。

美國功能心理學派產生於十九世紀末，這

是第一個頗具「美國特色」的心理學派據稱，全世界心理學工作者至少有90％導源於美國。不管怎麼說，在二十世紀美國的心理學勃興，以至派別繁複，而肇始於歐洲的心理史學，在二十世紀，尤其是到了二十世紀下半葉的美國特別繁茂，也就不感到突然了。

美國功能心理學派除詹姆斯之外，杜威（Dewey）及安吉爾（Angell）等人，也是代表人物。這些人的學術影響主要是透過芝加哥大學散發的，故也稱此派爲芝加哥的功能心理學派。該學派以實用主義哲學爲其基礎，從實用主義觀點出發，曲解達爾文的進化論，把人的心理與動物的心理等量齊觀，認爲人和動物的心理都是有機體順應環境的工具，這既是一種粗俗的實用主義的心理學，也是一種極端的生物學化的心理學。[10]

二、格式塔心理學派

格式塔乃德文「Gestalt」的音譯，被用作「形式」或「形狀」的同義詞（編按：即完形心理學派)。

格式塔心理學派(Gestalt Psychology)是發生於德國的1912年一個心理學派。它是德國的部分心理學家根據現代物理科學的新概念,用以反對馮德的元素主義的心理學思想,其中心課題是研究知覺現象。這一派的主要代表人物是維台墨(Wertheimer)、柯勒(Koehler)、考夫卡(Kˇffka)。他們的心理學思想是對當時正統心理學的叛逆。美國學者舍倫伯格(Schellenberg)用概括的語言,揭示了該派的心理學思想。他說:

> 對於他們來說,重要的是經驗組織起來的方式,而不是元素單位本身。他們關注組織過程,因而強調對知覺的研究,強調識別知覺形成過程的獨特方式。他們認為,人根據模式來知覺,對模式的感知過程,先於對個別元素的感知。一個旋律,不管定在C調還是G調上,感知起來都是一樣的。……從這個基本思想出發,格式塔心

理學家設計了實驗，來鑒別知覺形成的功能和較「好」的知覺組織的特徵。[11]

我們在這裏要提到德國心理學家勒溫（Lewin）。作爲格式塔心理學派的成員，他雖然從來也不是該派奠基者的嫡傳弟子，但勒溫卻在該派草創時期接受過它的影響。他根據現代物理學理論提出了「場」理論，以研究心理現象。尤其是勒溫到了美國以後，他的「場論」發展成群體動力學和行動研究，顯現出了一種美國心理學的「風格」。在現代美國，勒溫及其弟子的心理學思想，正發散出強大的影響。

三、行為主義心理學派

行爲主義心理學派（Behavioristic Psychology）是發生於二十世紀初期（1913年）美國的一個心理學派，其創始人是美國心理學家華生（Watson），他於1919年出版其代表著作《行爲主義觀點的心理學》，採用了巴甫洛夫的條件反射的概念，系統地表述了他的行爲主義的心理學思想。他執意要否定心理現象乃至不惜消滅心理學，意在對西方傳統的心理學進行一次「徹底的革命」；結果是，「行爲主義心理學成了一種不談心理的心理學，一種沒有心理內容的心理學」。[12]華生的行爲主義心理學思想，曾在二〇年代的美國風靡一時。

不過，對於行爲主義心理學思想，在史金納（Skinner）那裏有了更詳盡的闡發，更增添了此派的「美國特色」。在史金納的心理學說中，尤爲注重「環境刺激（S）和動物性的人如何反應（R）」，即著名的「S→R」公式，即把探討聚焦在外在環境的刺激與行爲反應之間的連結上。史金納的心理學思想的缺陷是或多或少將人當作生物學意義上的人，這就有可能抹煞人的主觀能動性與創造性的潛力。難道正如史金納所說的，老鼠的行爲與人的行爲之間的唯一區別只在言語行爲方面嗎？

四、人本主義心理學派

人本主義心理學派（Humanistic Psychology）

爲二十世紀五〇年代以來美國的一個心理學派，代表人物是馬斯洛（Maslow）。這一學派的心理學思想既是針對行爲主義心理學派的諷喻史金納們，只一味把人簡化爲一種較大的白鼠或一種較慢的電腦；這一學派也是針對精神分析心理學派的，馬斯洛指出，佛洛伊德的學說只著重在人的消極面，卻忽略了人的積極面——忽略了人的力量與品德。因而他們打算另闢蹊徑，走出一條心理學發展的新路子。

美國人本主義心理學協會（The American Association for Humanistic Psychology）曾發表過四點聲明，以闡明這一學派的宗旨：

1. 要把注意集中於不斷承受經驗的人，因此要把經驗作爲對人的研究的首要現象的焦點。理論的說明和明顯的行爲二者都要被視爲是次於經驗本身，並且次於經驗對人的意義。
2. 要強調類似選擇、創造力、評價作用和自我才能發揮等這樣一些判然屬於人類的品質，而反對把人類按照機械論的和還原論的字眼加以理解。

3.要在研究的問題和研究的程式的選擇方面，以富有意義爲依歸，而反對以喪失意義的代價去單獨強調客觀性。

4.要最終關心和尊重人的尊嚴與價値，而且要對每一個人的內在潛能的發展發生興趣。[13]

大體說來，在當代美國心理學界中人本主義心理學派與精神分析心理學派可謂平分秋色，而前者可能更氣盛一些。然而，在二十世紀五〇年代後期，認知心理學派（Cognitive Psychol-ogy）針對行爲主義心理學派與聯想主義心理學派的消極影響，重視人的積極的認知作用，因而迅速崛起，且大有後來居上之勢。對此，我們就不再介紹了。

當我們合著西方心理學史的步伐，匆匆地進行了一番浮光掠影式的考察之後，不由深切地感到，西方心理學與歷史學的發展有許多共同點，比如說，它們的學科地位亦即科學歷史學與心理學的奠立都在十九世紀，而前者稍早，後者稍遲；又比如說，在發展進程中，歷史學家或心理學家及其流派的繁衍，都是不斷更新、不斷演化、新陳代謝、亙古難易；又比如說，歷史學與心理學到了二十世紀，都面臨著一種新的轉折，兩者發生新的「裂變」大體同時，於是兩門成熟的學科的相互碰撞，一門新的交叉學科也就應運而生了。在這過程當中，是以佛洛伊德爲代表的精神分析心理學派首先向歷史學伸出了雙手，我們對心理史學的描述就從他開始寫起吧！

注釋

1.詹姆斯・哈威・魯濱遜，《新史學》，齊思和等譯，北京，商務印書館，1964年6月，第一版，第20頁。

2.同注1，第3頁。

3.邦斯（巴恩斯），《西洋史學進化概論》，北平文化學社，1932年版，第5頁。

4.同注1，第53頁。

5.同注1，第68頁。

6.T・H・黎黑，《心理學史：心理學思想的主要趨勢》，劉恩久等譯，上海譯文出版社，1990年8月，第一版，第515頁。

7.正文中所列諸家對心理學的見解，由於本書的性質，不能一一詳列，可參見黎黑，《心理學史：心理學思想的主要趨勢》，第四與第五兩章，同注6引。

8.唐鉞，《西方心理學史大綱》，北京大學出版社，1982年3月，第一版，第178頁。

9.楊清，《現代西方心理學主要派別》，沈陽，遼寧人民出版社，1986年10月，第二版，第77-78頁。

10.同注9，參見第134-135頁。

11.J. A.舍倫伯格，《社會心理學的大師伯們》，孟小平譯，沈陽，遼寧人民出版社，1987年7月，第一版，第69頁。

12.同注9，第188頁。

13.同注9，轉引自第434－435頁。

第二章
「心理分析革命」？

不管佛洛伊德的精神分析學說運用於歷史研究是否開創了「心理分析革命」，也不管由佛洛伊德所初創的心理史學遭到了多少人的批評與責難，但有一點可以肯定，他比批評他的一切批評家要高明一些。我們認爲，佛洛伊德的新貢獻，在於爲歷史研究創造了新的理論，增添了新的內容，提供了新的方法，概言之，他對歷史學的發展開闢了一條新的途徑。

第一節　開創之功

且先看佛洛伊德在用心理分析學說，分析美國總統威爾遜時所說過的一段話：

> 在人類歷史上的某些時候，瘋子，能見到幻象的人，預言者，精神官能症患者和精神錯亂者，曾經起過重大作用，而且不僅僅是在偶然的機會使他們生而為王的時候。通常，他們都造成了極大的破壞，然而並非總是如此。某些人對他們的以及後來的時代，產生過無法估量的影響，他們發動過重要的文化運動，作出了巨大的發現，也就是說，他們克服了他們的反常；但另一方面，往往恰是因為他們性格中的病態的特點，他們發展的不平衡，某些欲望不正常地強烈，無保留、無分別地獻身於一種唯一的目標，使他們具有力

量，拖著其他人跟在他們後面，並戰勝世界的抵抗。

對於奠定一個人的一生來說，精神官能症是個很不穩固的基礎。儘管歷史上充斥著精神官能症患者、偏執狂和精神病患者的名字，他們迅速地爬上權力的頂峰，但通常他們也同樣迅速地垮台。

生命的河流可以因一個人的性格而改道。如果米提亞底斯在馬拉松逃跑，查理・馬特在普瓦提埃逃跑，西方文明可能會與今不同。而如果基督在彼拉多面前否定了自己的教理，一切也可能是另外一副模樣。[1]

人的性格、心理在歷史上究竟有何作用，長久以來始終是歷史學家苦苦思索又不得其解的一個問題。直至上一世紀之交，這個問題才隨著一門以人類心理爲對象的學科的創立，更準確的說，隨著其中的一個分支——精神分析學說的創立而似乎找到了一絲線索。可是，這眞的是引領我們走出歷史迷宮的阿里阿德涅線團嗎？

1900年，維也納的一位猶太精神病醫生出版了一本名爲《夢的解析》的書，儘管一開始這本書受到了冷遇，第一版在八年裏只售出了六百冊，但它卻宣告了精神分析（心理分析）學這一新的心理學理論的誕生，該書的作者就是西蒙·佛洛伊德。此後，它的意義終於被人們發現，僅在佛洛伊德生前就先後再版了八次，精神分析學說也由此異軍突起。佛洛伊德的精神分析學說由此也被有的論者稱之爲「心理分析革命」。但是，透過這種說法，我們卻看到了這樣的事實：十九世紀末二十世紀初，正是西方近代心理學萌發勃興的重要時期，各種理論、流派紛繁龐雜，精神分析學說的異軍突起，其影響遠遠超出了醫學和心理學的範疇，經過百年來的變遷，已形成一種強大的國際思潮，滲透到西方文化的血液之中，影響及於哲學、文學、藝術、史學，乃至社會生活等諸多領域。

與其他心理學流派不同，精神分析學不作人或動物的實驗，也不作心理測試；它認爲其他心理學派所關心的知覺、思維、學習等課題都是膚淺的，並非人類行爲的根本。它所關注的是人的欲望、動機、情感，不僅包括有意識的動機和行爲，尤其重視潛意識（或無意識）的動機和行爲；不僅探討個人現實的行爲，還追溯個人的生活史，追溯其童年的經歷。

具體而言，佛洛伊德的學說可以以1913年爲界分爲前後兩個階段。他的早期精神分析學說主要是用無意識的本能和欲望，尤其是性本能和欲望來解釋人的心理活動。它由兩個前提出發而來：首先，它「肯定精神過程本身都是無意識的，而那些有意識的精神過程只不過是一些孤立的動作和整個精神生活的局部。」其次，「就是肯定那些不論就狹義還是廣義來說，人們都只能稱之爲性的本能衝動，它在神經的和心理的疾病成因中，起著一種極不尋常的巨大作用，而那些衝動還是一種從未充分肯定的成因。」早期的佛洛伊德學說在某些方面顯得過於絕對，有失偏頗，他把無意識本能衝動看成形成人們心理意識的唯一動因，而忽視了社會條件的影響；同時又過分誇大了性本能衝動對社會的影響。他認爲，「正是這些性的衝動對人類精神的最高的文化、藝術和社會成就做出了其價值並沒有被過高估計的貢獻。」[2]

1913年後，佛洛伊德對自己的早期學說做了進一步的完善和修正。尤其是在1923年發表《自我和本我》一書，嘗試對人的心理結構加以剖析，從此，精神分析學不再被單單視爲治療疾病的方法，而作爲一種理解人類動機和人格的理論體系被建立了起來。佛洛伊德提出「三部人格結構」（tripartite personality structure）說，認爲人格是由本我（id）、自我（ego）和超我（super-ego）三部分組成。他認爲人有一種「生活本能」，可以稱作「利必多」（libido），它是人們一般行爲的動力；同時還有一種「死亡本能」，表現在人們的破壞性、挑釁、侵略性等衝動。佛洛伊德把這兩種本能稱之爲本我，自我是實現了的本能，超我則是道德化了的自我。超我包括兩個方面，一是通常所謂的「良心」；二是「自我理想」。本我、自我和超我之間總是充滿了鬥爭，本我的各種不符合社會生活方式、道德準則的本能衝動受著超我指導下的自我的壓抑，這樣就產生了激烈的對抗和矛盾。因此，這些本能的衝動就須在無意識領域透過意識不到的精神過程改頭換面地表現出來，精神病就是由某種一直被壓抑的東西的替代物發展而來的。所以精神分析的關鍵在於「用有意識代替無意識，把無意識翻譯為有意識」，使被壓抑的抵抗力量得到釋放和發洩。[3]

第二節 開山之作

佛洛伊德在《自傳》中寫道：「自從《夢的解析》一書發表以後，精神分析學再也不是純屬於醫學的東西了。當精神分析學在法國和德國出現的時候，它已被應用到文學、美學以及宗教史、史前史、神話、民俗學，甚至教育學領域……這些醫學之外的應用，主要是以我的著作爲出發點。我常常寫一點兒這方面的東西，以滿足我對醫學之外諸問題的興趣。其後，別人（不單單是醫生，還有其他各學科的專家）才沿著我的路線前進，並且深入到不同的論題上去。」[4]

誠如斯言，佛洛伊德廣博的知識以及不倦的求知欲使他在其他領域廣泛涉獵，同時他也將精神分析學的方法運用到了醫學以外的實踐當中。正是他最早開始了心理學與歷史學結合的嘗試，正是他最早指出了心理史學發展的方向，1910年佛洛伊德發表了專著《列奧納多·達·芬奇及其對童年的一個回憶》，被視爲心理史學的開山之作，也是以後心理史學賴以發展的基石和典範。

義大利文藝復興時期的藝術大師列奧納多·達·芬奇（Leonardo Da Vinci），以《蒙娜·麗莎》等作品聞名於世，但他的身上又充滿了傳奇神秘的色彩，在性格氣質上有著許多矛盾和令人不解之處。他是傑出的畫家，但作畫十分緩慢，一件作品常常要歷時數年，其畫作往往尚未完成便半途而廢被擱置一旁；他對科學研究充滿興趣，花費大量的時間用於研究鳥類的飛行、植物的營養、工程的建設，但又都很少付諸實踐。他在氣質上頗有些佛洛伊德所謂的「女性柔情」（例如，表現在他的素食主義和從市場上買回籠中之鳥放生的習慣，而且他也譴責戰爭和流血），但同時又有似乎自相矛盾的行爲，諸如研究和速寫臨刑前死囚的表情，設計「最殘忍的攻擊性戰爭武器」等。不過，最令佛洛伊德感興趣的是，達·芬奇成人生活中的「性冷淡」、「對性慾的厭倦」和「受挫的」性生活（表現在他的行爲和藝術中），以及「對知識不知疲倦、漫無止境的渴求」。

根據自己多年的臨床實踐及其精神分析學的理論，佛洛伊德在《列奧納多·達·芬奇及其對童年的一個回憶》一書中提出了撰寫人物傳記和進行歷史人物研究的兩條獨特的原則：第一，要眞正理解所記人物的精神生活，一定不要默默地避而不談人物的性行爲和性個性；

第二，如果人物具有某項突出的天性特質（如達·芬奇對科學研究的特殊興趣），它很可能源於「童年早期」，並由原是性本能的動力中得到加強（由於性慾的昇華），致使這種天性特質的活動能夠取代一部分性生活。顯然，佛洛伊德是將他的泛性論和幼兒性慾論觀點，具體應用到了歷史學的研究之中，重點追溯人物的童年生活，追溯其幼兒時期的性慾活動。

以下，我們不妨來看一下佛洛伊德是如何將精神分析學與歷史學結合在一起，開始心理史學的最初嘗試的。

有關達·芬奇的童年我們所知甚少。1452年他生於佛羅倫薩郊外的一個小鎮，是公證人塞·皮羅·達·芬奇與一個叫卡特琳娜的農村姑娘的私生子，在達·芬奇以後的生活中，他的生母再也沒有出現過。其童年時代唯一可靠的一段記載來自1457年一份官方的徵稅文件，其中記有列奧納多的名字，證明他已作爲塞·皮羅的私生子成爲了家族的一員。就在他出生的同一年，其父與另一個女人結了婚，但一直沒有孩子，因此就有可能讓小列奧納多在他父親家中長大。以後他開始學習繪畫，1472年，在畫家行會的名單裏已經可以找到列奧納多的名字了。

單是這一點材料自然不能滿足佛洛伊德的需要，幸好他又在達·芬奇的科學筆記裏找到了唯一一處關於他童年情況的回憶。在一段描繪禿鷲飛行的文字中，列奧納多突然中斷了敘述，轉而對出現在腦海中的一個童年回憶作了描述：

> 看來我是注定了與禿鷲有著如此深的關係；因為我想起了一段很久以前的往事，那時我還在搖籃裏，一隻禿鷲向我飛了下來，它用翹起的尾巴撞開我的嘴，還用它的尾巴一次次地撞我的嘴唇。[5]

這個離奇的回憶爲佛洛伊德對達·芬奇的分析提供了有利的依據，由此展開了對達·芬奇的心理解讀。

佛洛伊德指出，人們很難準確地保留幼年

的記憶，何況上述的回憶內容過於離奇，因此無論如何也不能把它看作是確鑿無疑的。因此，他將之解釋爲一個幻想，是列奧納多基於幼年殘留的記憶在以後生活中形成，又轉換到童年時代的一個幻想。一個人思考他在童年留下的印象並不是無足輕重的，其中掩蓋著揭示其心理發展中最重要特徵的無法估價的證據。佛洛伊德堅信，運用精神分析的方法，就能去除歪曲，揭開隱藏於幻象之下的往昔眞相，可以透過分析列奧納多的這個童年幻想來塡補其生平的空白。

拍打小達・芬奇嘴唇的禿鷲尾巴被視爲男性生殖器陰莖的替代物，因而這段幻想與舐陰癖或是被動的男同性戀行爲相一致。此外，佛洛伊德也注意到了另一個方面，吮吸陰莖的慾望「可以溯源於一種最純潔的本質」——吮吸母親的乳頭。這正是列奧納多之所以把想像中與禿鷲的經歷看作自己童年記憶的眞正原因。幻想所掩蓋的只是在母親懷中吮吸乳頭，或是得到哺育的美好回憶。因此像許多藝術家一樣，列奧納多也非常喜愛描繪有關聖母子的作品。

佛洛伊德把達・芬奇的幻想解釋爲得到母親哺育的幻想，母親被禿鷲的形象所代表了。可是什麼偏偏是禿鷲呢？佛洛伊德淵博的學識和大膽的想像又一次發揮了作用。在古埃及象形文字中，「母親是由禿鷲的畫像爲代表的」，而且埃及人還崇拜以禿鷲形象出現的女神，其發音「**mut**」與德語的母親一詞「**Mutter**」十分相近。而且在一些古代希臘、羅馬作家的作品中，提到禿鷲只存在雌性，因此它被看作是母親的象徵，有雌鳥「在飛行途中，張開陰道，受孕於風」，從而繁衍後代的傳說；中世紀的神學家也喜歡用這類寓言來證明聖靈感孕的眞實性。佛洛伊德認爲，達・芬奇關於禿鷲的幻想顯然是受此影響而來。所以，結合其自身這個幻想便有了不同尋常的意義，「這個幻想意味著他也是這樣一個小禿鷲——他有過母親，但是沒有父親。」

佛洛伊德相信自己已經解開了這個幻想的眞正內容：禿鷲對母親的代替表明孩子知道他

缺少父親，只有他和他的母親相依爲命。列奧納多作爲一個私生子的事實與他的禿鷲幻想是一致的；由於這個原因，他把自己比作一個禿鷲的孩子。根據已知的材料，在他五歲時，列奧納多被父親的家庭收養。更進一步證明，他一生中關鍵的頭幾年不是在他父親和繼母身邊度過的，而是和他可憐的、被遺棄的親生母親在一起，所以他才有一段時間感受到父親的缺乏。一般幼兒從三歲開始作性的探索，有母無父的小列奧納多對性探究的衝動更爲強烈。正是在生命的最初幾年，人們的一些印象逐漸固定，對外部世界的反應方式也建立了起來，而成爲影響其整個一生精神發展的最重要的因素。達・芬奇的童年經歷造成了不可避免的結果是，「在他弱小的時候就成了一個探索者」，試圖尋求各種迷團的答案，這也是其成年後探索自然奧秘的強烈欲望的根源和最早表現。而在五歲之後至青春期到來期間是性壓抑時期，在此期間，某些具有特殊潛質的人會由於性慾衝動的昇華而使探索本能益發增強，爲後來的智力活動提供巨大的動力，達．芬奇即屬此例。根據佛洛伊德的推論，達．芬奇一開始是爲了繪畫的目的進行科學研究的，如研究光線、透視、人體的比例和解剖等，但強烈的探索本能使他無法抑制對未知事物的好奇，使他從有限的課題幾乎擴展到科學的各個領域，不斷產生的新問題又使他無法長久地專心於繪畫或某一研究，於是便留下了許多未完成的作品，以及許多未實現的構想。

至此，佛洛伊德成功地重新構造了達．芬奇嬰幼兒期的外部和內心生活，轉而開始將這些經分析後眞相大白的童年經歷與其成年後的行爲和性格聯繫起來，幼兒性慾論便是他聯繫這兩者的橋樑。

幼兒性慾論認爲，男孩對性的好奇最初集中在自己的生殖器上，他們往往「認爲所有的人，男女一樣，都有一個像自己一樣的陰莖」，即使發現相反的事實以後，他還是以爲女人曾經有過陰莖，不過是後來割掉了而已。於是男孩經常地處於一種閹割焦慮的陰影之中，害怕自己如果對性和性器官表現出過多的興趣，就可能遭受同樣的命運。其心情變得非常矛盾且複雜，「他會擔心自己是否具有男子氣概；但同時他又蔑視那些如他所料想的已被處以極刑的不幸的同類。」

在孩子還沒有受閹割情結的控制之前，他會表現出強烈的觀望慾，來自母親的性吸引更會令他的渴望達到了頂峰，這是一種性本能的活動，也就是所謂的「伊底帕斯情結」（Oedipus Complex）或「戀母情結」。「直到後來他才發現女人沒有陰莖以後，渴望常常轉向它的反面，讓位於厭惡感，這種厭惡感在青春期會變成精神衰弱、厭女症和持久的同性戀的原因。」達・芬奇關於禿鷲的幻想正是他對母親最初的性渴求的最明顯表徵，這對他以後的全部生活有著決定性的影響。

佛洛伊德看到，「列奧納多童年與母親的關係和他以後顯示出來的——縱然是理想的（被昇華了的）——同性戀之間存在著因果關係」。根據臨床研究，在「所有男同性戀者的情況中，在童年的第一個階段，患者都對一個女人——一般是他們的母親——有著強烈的性依戀；這種依戀在童年期間由母親太多的溫情所喚起或所激勵，又進一步被父親較小的作用所加強。」此時，如果有一個強有力的父親的存在就能夠保證孩子在選擇物件時，按照社會的道德準則做出正確的選擇，即選擇一個異性的物件；反之，如果父親一開始就不在，或者很早就離開了，這種依戀就變得愈加強烈。這種戀母情結進一步發展，雖被孩子壓抑，但轉而使他又將自己與母親同化，以母親自居從而成爲一個成年同性戀者，一種自戀，「他長大成人後所喜愛的男孩不過是他童年的替代和再生——他愛他們的方式便是他母親在他小時侯愛他的方式。」

這一幼兒性慾的分析是佛洛伊德解釋達·芬奇生平之謎的關鍵。它證明達·芬奇即屬於這種類型的同性戀者——「感情同性戀者」。雖然目前所知有關達·芬奇性行爲的材料相當缺乏，但佛洛伊德還是找到了一些證據來證明這個結論。列奧納多二十四歲時曾被匿名指控與其他三人有同性戀行為，法庭進行調查之後，撤消了起訴。此外，達・芬奇常常收一些長相俊美，但卻才華有限的年輕人為學生，他們中沒有一個在藝術史上留下顯赫的名字；達・芬奇對他們的關心體貼入微，「就像他母親會對他那樣」，在他的日記裏有許多帳單詳細地記錄了他花在學生身上的小筆開支，在精神分析家看來，這正是他「顯示體貼的證據」。

在達・芬奇的筆記裏，佛洛伊德又找到了另外一筆帳目，那是為一個叫卡特琳娜的女人舉行葬禮的開銷。這個女人是誰？佛洛伊德相信這就是列奧納多所熱愛的母親。他對母親和學生的依戀和欲望，由於受到意識的束縛和壓抑而具有「強迫性神經症」的特點，因此強烈的感情——透過壓抑成為了無意識——轉移到了一些細小的、甚至是愚蠢的行為中。在列奧納多的心靈深處，「他的母親、他的學生、甚至是自己男子氣的俊美的相似者就成了他的性物件，……那種過分詳細地記下他花在他們身上的錢財的數字以奇特的方式流露了他的對抗心理。」由此，佛洛伊德揭開了藝術家隱秘的無意識心理，「正是透過與我母親的性關係，我成了一個同性戀者。」

最後，佛洛伊德用他的新發現來重新分析達・芬奇藝術作品中所隱藏的深層涵義，因爲藝術家內在的精神衝動除了在他的性格和生活中有所反映之外，還必然會體現在他的藝術作品裏。

提起達・芬奇，人們自然會聯想到他的傳世之作《蒙娜・麗莎》，想起畫中人物那略帶神秘又令人沉醉的微笑。這種停留在女性人物長長彎彎的嘴唇上的不變的微笑，是達・芬奇繪畫風格的一個標誌，藝術史家曾對此進行過各種解釋，但其中沒有一個令人滿意的，佛洛伊德爲此提出了全新的觀點。佛洛伊德認爲，除了蒙娜・麗莎本身迷人的魅力之外，列奧納多還「在他的模特兒臉上發現了這個微笑，被深深地迷住了，便又在這微笑上加上了他的幻想，從而進行了自由創作。」這個微笑的魅力強烈地打動了藝術家，以至於他以後的一生都受此影響，這種深不可測的微笑進入了列奧納多的所有作品。

這究竟是爲什麼呢？佛洛伊德解釋指出：「很可能是蒙娜・麗莎的微笑迷住了列奧納多，因爲這個微笑喚醒了他心中長久以來休眠著的東西——很可能是舊日的記憶。」這當然就是他母親和她常常掛在嘴邊的微笑所留下的記憶。他曾忘記了這種微笑，但當他在佛羅倫斯繪製這幅肖像時，重又在蒙娜・麗莎的臉上發現了它，在無意識中喚起了幼年的記憶，從此再也無法忘懷。

緊接著佛洛伊德又進一步就這種神秘的微笑對達・芬奇的另一幅作品《聖安妮與聖母子》展開了分析。這是一幅描繪童年耶穌與其母瑪利亞和外祖母聖安妮的著名繪畫，畫中兩位婦女的微笑與《蒙娜・麗莎》的如出一轍，不過「卻少了離奇和神秘的特性；它所表達的是內在的感情和平靜的幸福。」其中，聖安妮被畫得非常年輕，與瑪利亞一樣美麗迷人，兩人一同含笑注視著懷中的小耶穌。佛洛伊德認爲，「這畫綜合了他（列奧納多）童年時代的歷史」，藝術家賦予畫中的耶穌兩個母親。這一點顯然酷似畫家自己的經歷。他也有兩個母親，生母卡特琳娜和年輕、善良的繼母，而他也把那幸福而神秘的微笑給了每一位母親。

最後，佛洛伊德還用同樣的方法，根據達·芬奇筆記中在關於其父身體健康狀況的一段記錄中出現的一個小錯誤，解釋分析了藝術家作畫爲何總是半途而廢的原因。由此，利用列奧納多關於禿鷲的那段回憶或幻想，結合其他一些相關資料，佛洛伊德不僅重構了藝術家童年的生活與精神世界，而且對他成年的性格、行爲，以及生平做出了全新的解釋，指出了它們賴以形成的內在因素。因而，這部著作成爲心理學在歷史領域的一次大膽涉足與嘗試，姑且不論其中存在有怎樣的錯誤和缺憾，僅就它的開拓意義而言，便值得後世給予崇高的敬意。因此，有學者評價佛洛伊德的開拓性貢獻時指出：

> 佛洛伊德以其大膽的觀點陳述，衝破了過去有關列奧納多的著作帶有的聖徒傳記色彩的桎梏；他用行動提出了一連串嶄新而重要的問題，使後來者能以嚴謹而合理的方式深入下去。[6]

第三節　開啓未來

佛洛伊德的寫作文筆優美流暢，想像豐富，分析、論證都極爲引人入勝。但從歷史學的標準來衡量，對於列奧納多·達·芬奇的這一心理分析，無論是依據的史實，還是論證的邏輯，都有不盡如人意、值得推敲之處。

這篇著作發表以後，立即引來了眾多的關注和批評，人們對於心理學的分析究竟能否應用於歷史人物和歷史事件的問題，展開了廣泛的討論。反對者很快發現了佛洛伊德在論據中的一個巨大錯誤，並以此爲理由證明心理史學失敗。

佛洛伊德失誤的關鍵在於：他對達·芬奇的全部分析的基礎，即關於禿鷲的那段回憶或幻想事實上根本不存在。達·芬奇現存的手稿中僅有一次提到禿鷲，在筆記中的「動物寓言」裏，他以「貪食」爲題寫道：「禿鷲是如此貪得無厭，它寧願飛行千里尋覓腐屍爲食。這便是它追蹤軍隊的原因。」這一禿鷲形象根本無法與列奧納多潛意識中親愛的母親聯繫起來。1923年，人們對照達·芬奇筆記中關於禿鷲幻想的義大利原文時發現，那隻用尾巴撞擊列奧納多嘴唇的動物並不是禿鷲，而是另一種鳥——「鳶」。佛洛伊德完全是受到了舊的德文譯本錯誤的影響，使用了錯誤的材料和論據。而達·芬奇對於鳶的態度根本不可能使佛洛伊德或任何人得出同樣的結論，也是在「動物寓言」的筆記裏，列奧納多對於鳶的記載題爲「忌妒」：「關於鳶，人們知道，當牠見其巢中的幼鳥長得過胖時，便出於忌妒啄其身體，不讓牠進食。」抽走了立論的基石，佛洛伊德整個的分析體系就成了空中樓閣，變得搖搖欲墜而難以立足。

以後，隨著史料的進一步發掘和對達·芬奇研究的深入，有關他的童年生活逐漸變得清晰起來。1452年，達·芬奇的祖父在家庭日記中清楚地記錄了列奧納多的出生和洗禮，說明他出生在其父親的家裏，再加之前面提到的官方文件證明他五歲時已生活在父親家，不難得出這樣的結論：列奧納多從出生至五歲期間，一直生活在他父親的家裏。並沒有像佛洛伊德所推斷的那樣，過著有母無父的童年。由此推得達·芬奇因戀母情結而發展爲自戀，乃至成爲一個（感情）同性戀者，以及其他一系列結論自然也是站不住腳的。

至於理論上，佛洛伊德有關兒童「閹割焦慮」和單親家庭（有母無父）導致同性戀傾向的觀點，只是根據自己少量的臨床經驗所得出的假設。現代心理學在對同性戀進行了更爲廣泛和深入的研究後，所得出的結論也無法支援佛洛伊德的假設。是故，佛洛伊德再現的達·

芬奇幼年生活的畫卷既無史學價值又無科學依據，大可一棄了之。

再如，佛洛伊德認爲達·芬奇筆記中記載的卡特琳娜就是畫家的親生母親，也缺乏事實依據，且多來自於猜測。其實早在畫家詳細地記下她的葬禮開銷之前，就曾經有兩次提到給卡特琳娜若干數目的金錢；而且對於她的去世，也絲毫不見對其父所表現出的那種父子親情，在給父親的一封信裏，畫家寫道：

> 最親愛的父親，上月底我收到你的信時，既高興又難過，高興的是在異鄉能得知你安康的消息，真該感謝上帝，但我得知你身體欠安，又感到極其難過……[7]

兩相比較，這個卡特琳娜就是畫家潛意識中深深依戀著的母親的推論顯然難以令人信服，她可能只是一個普通的女僕而已。

此外，在對《蒙娜·麗莎》等畫作進行分析時，佛洛伊德幾乎完全不考慮當時社會和文化環境的影響，而單純地強調心理因素對其繪畫風格的影響。藝術史家指出，早在繪製《蒙娜・麗莎》之前，達・芬奇畫作中的人物就帶有了類似的微笑，這種手法甚至可以追溯到他的老師委羅其奧（Andrea del Verrocchio）以及同時代其他藝術家的作品中。這只能說明藝術風格上的傳承與發展，而不存在因爲畫中人物的表情喚醒了畫家內心的戀母記憶，而成爲靈感之源的假設。

概而言之，《列奧納多・達・芬奇及其對童年的一個回憶》作爲一部歷史著作並不成功，它違反了最基本的史學原則，對史料未加判斷，不顧社會與文化的客觀影響，根據其泛性論和幼兒性慾的理論對歷史人物妄自推測，所得出的結論自然也大大地悖離了事實。佛洛伊德的錯誤對以後的心理史學研究產生了深刻的影響，其後繼者中不斷地有人重複著他的錯誤，成爲心理史學難以克服的一個頑疾。

然而在另一方面，作爲一項開拓性的工作，佛洛伊德爲後人開啓了一個新的方向，一條新的道路，他大膽地將其研究擴展到（包括史學在內的）心理學以外的領域，預示了心理學與歷史學之間的交叉和結合，開創了心理史學這一歷史學研究的新領域。就這一點而言，佛洛伊德的貢獻是無可估量的，後來的心理史學研究（尤其在美國）很大程度上受到了他的精神分析學說的影響，其分析和推理的方法也廣泛地為後繼者所仿效。

的確，心理學為歷史學家打開了一個以前從未曾認眞關注過的維度——人的心理。人在歷史中的作用，一直以來都是歷史學家津津樂道但又苦苦思索的一個課題。修昔底斯早就指出，歷史解釋的最終關鍵在於人的本性；十九世紀末，德國歷史學家卡爾·蘭普勒希特便設想將歷史與心理學聯繫起來，認為歷史是研究社會心理的科學，是過去時代的集體心理學。現代心理學（或精神分析學）在此為傳統的史學研究提供了嶄新的切入點，在許多具體方面它與史學都有互補或共通之處，這也成為兩者結合的基礎。

首先，精神分析學在研究人格發展中非常

重視人的生活發展史，追溯童年經歷和家庭狀況，這種注重發展和連續性的認識方法本身就是歷史的，與歷史學的方法相吻合。其次，精神分析學家的醫療診斷與歷史學家的研究工作非常相似，都要收集證據資料，然後再對研究物件（患者或歷史問題）進行分析、解釋和判斷。再者，精神分析學在某些研究領域的成果對歷史學家來說是很好的補充和幫助，如精神分析學對病態心理和變態人格的研究，有利於歷史學家（或精神分析學家）對希特勒屠殺猶太人這樣一些歷史問題做出解釋。

在此基礎上，兩者的結合導致了一門新的歷史學邊緣學科——心理史學的產生。它的產生也是現代西方史學在自身發展過程中不斷探索新的歷史理論與方法，廣泛借鑒心理學、人類學、社會學等學科所取得的成果；同其他新的歷史研究方向一起，心理史學對擴大歷史學的領域、拓展歷史學家的視野、使歷史學變得更加科學嚴謹都發揮了重要的作用，它是現代西方史學研究重點「從特殊轉向一般，從表面事件轉向內在環境，從敘事式轉向分析式」這一基本趨勢中不可或缺的一個組成部分。

總之，不管佛洛伊德的精神分析學說是否開創了一次「心理分析革命」，但他作爲心理史學奠基者的功績及其對後來者的影響都是不可抹煞的。

注釋：

1.佛洛伊德，《托馬斯·伍德羅·威爾遜總統：心理面貌》，引自皮埃爾·阿考斯、皮埃爾·朗契尼克，《病夫治國》，何逸之譯，北京，新華出版社1981年7月，第一版，扉頁。

2.佛洛伊德，《精神分析引論》，高覺敷譯，北京，商務印書館，1984年11月，第一版。

3.佛洛伊德，《自我和本我》，載《佛洛伊德後期著作選》，林塵等譯，上海譯文出版社，1986年6月，第一版。

4.佛洛伊德，《佛洛伊德自傳》，顧聞譯，上海人民出版社，1987年，第一版。

5.佛洛伊德：《列奧納多·達·芬奇和他童年的第一個回憶》，載《佛洛伊德論美文選》，張喚民、陳偉奇譯，上海，知識出版社，1987年1月，第一版，第57頁。

6.大衛·斯坦納德著，《退縮的歷史：論佛洛伊德及心理史學的破產》，馮鋼、關穎譯，杭州，浙江人民出版社，1989年7月，第一版，第40頁。

7.《列奧納多・達・芬奇筆記》，艾瑪・阿・里斯特編著，鄭福洁譯，北京，三聯書店，1998年10月，第一版，第347頁。

第三章 下一個任務！

在現今當代西方學術文化發展史上，我們可以看到這樣一個非常有趣的現象：植根於歐洲文化的種子，在傳入美國之後，往往會在美利堅的大地上生根、開花、結果、繁衍。從佛洛伊德到艾力克森，從現代心理史學的初創到當代心理史學的繁榮，我們又再一次感受到了這種文化現象的重演，以及這種文化傳播與文化交流對學術文化發展所產生的重大影響。

第一節　從佛洛伊德到艾力克森

雖然早在二十世紀初，佛洛伊德便率先開始了心理史學研究的嘗試，但心理史學的眞正確立一直要到五〇年代，由心理史學的另一個重要的代表人物艾力克·艾力克森所奠定。

這並不是說，在此期間心理史學的發展就一直止步不前。在佛洛伊德的影響下，許多心理學家及精神分析學家在發展舊有的心理學理論的同時，將自己的研究擴展到史學等其他領域，在二〇、三〇年代，用精神分析的方法對有關藝術家、文學家和政治家進行的個案研究在歐美盛極一時。其中有對杜斯妥也夫斯基、托爾斯泰、莫里哀、喬治·桑、歌德、尼采、布朗寧、盧梭和莎士比亞等人的研究，也有對凱撒、林肯、拿破崙、達爾文、亞歷山大大帝、路德等人的研究。佛洛伊德後來也曾對威爾遜、米開朗基羅，以及史前史的有關問題做過研究。甚至還有學者對佛洛伊德本人進行了心理史學的分析。

另一方面，專業的歷史學家也逐漸注意到心理學運用於史學的前景。1919年，魯濱遜的門徒美國歷史學家巴恩斯（Harry Elmer Barnes）撰寫了〈心理學與歷史〉一文，呼籲歷史學家關注心理學與歷史的結合。同時，少數歷史學家開始涉足這一領域，1913年普里澤夫德·史密斯（Preserved Smith）的文章〈以精神分析觀點看路德的早期發展〉，是美國專業歷史學家應用精神分析理論的第一次認眞嘗試。此外，著名歷史學家威廉·蘭格（William Langer）也在其名著《帝國主義外交》中，使用了歷史分析與心理分析相結合的方法。

以上的這些研究還稱不上嚴格意義的心理史學著作，因爲無論是理論的深度，還是所衍生的影響，它們都非常有限。第二次世界大戰以後，美國史學界發生了巨大的變革，隨著跨學科研究方法的興起，經濟史、社會史等新的研究領域不斷產生，心理史學也應運而生。五〇年代，先後有一批重要的心理史學著作問世，其中包括赫伯特・馬爾庫塞（Herbert Marcuse）的《愛慾與文明：對佛洛伊德思想的哲學討論》（*Eros and Civilization: A Philosophical Inquiry into Freud*, 1955），諾曼・科恩（Norman Cohn）的《對千年盛世的追求：中世紀與宗教改革時期歐洲的革命烏托邦主義及其對現代極權主義運動的影響》（*The Pursuit of the Millennium: Revolutionary Messianism in Medieval and Reformation Europe and Its Bearings on Modern Totalitarian Movement*, 1957），艾力克・艾力克森的《青年路德：對精神分析學與歷史學的研究》（*Young Man Luther: A Study in Psychoanalysis and History*, 1958），諾曼・布朗（Norman O. Brown）的《生與死：歷史中的精神分析含義》（*Life Against Death: The Psychoanalytical Meaning of History*, 1959），史坦利・埃爾金斯（Stanley M. Elkins）的《黑奴制：美國制度與精神生活中的一個問題》（*Slavery: A Problem in American Institution-*

al and Intellectual Life, 1959）等。

幾乎與此同時，1957年威廉．蘭格當選美國歷史協會主席。在這一年年底舉行的美國歷史協會年會上，蘭格以〈下一個任務〉（'The Next Assignment'）爲題發表「主席致辭」指出，五十年來，歷史研究的範圍已超越出傳統的政治軍事史而得到了很大的擴充，這表現爲對社會史、經濟史、思想史、科學史等領域的研究已得到了廣泛的開展。他認爲，當前歷史學的任務不只是向廣度發展，而應向縱深開拓。因此他號召歷史學家採用新觀念、新觀點和新技術開闊新的視野，開闢最新的歷史研究領域，他所謂的這種「最新的歷史學」就是採用精神分析理論和方法對歷史人物和歷史現象進行新的分析，而這就是歷史學家將要承擔的「下一個任務」。他以歐洲中世紀後期的黑死病及之後接連不斷的瘟疫所造成的影響爲例，指出歷史學家從未認眞研究和討論過黑死病對當時歐洲人帶來的心理影響，然而這種影響在事實上是非常巨大和深刻的，乃至波及到以後的宗教改革運動。蘭格建議史學界效仿人類學、社會學、文學等學科的做法，選派年輕的歷史學家去接受精神分析的訓練，應用精神分析的方法進行歷史研究。

「下一個任務！」蘭格以美國歷史協會主席的身分，登高一呼，向美國史學界的同仁發出了今後史學發展的新號令。正由於蘭格的號召，以及同期一系列心理史學論著的問世，標誌了心理史學在美國的崛起和確立，在史學界內外洐生了廣泛的影響，心理史學成爲歷史學家積極開拓實踐的一個新的領域。

繼佛洛伊德之後，對心理史學影響最重要的人物莫過於艾力克·艾力克森，他在發展佛洛伊德古典精神分析學說的基礎上，又進一步推動了心理史學的發展，並給這一新領域的研究注入了新的活力。同佛洛伊德一樣，艾力克森也是猶太人，也是一位精神分析醫生和精神分析學家。他生於德國萊茵河畔的法蘭克福，曾隨佛洛伊德的女兒安娜·佛洛伊德學習兒童精神分析，畢業於佛洛伊德主持的維也納精神分析研究所。三〇年代被迫移居美國，後又加入美國國籍，在那裏開業行醫，從事於精神分析的教學和研究工作。

在理論上，艾力克森批判地繼承了佛洛伊德的學說，打破了精神分析理論片面地以生物性的本能衝動和慾望來解釋人類行爲的局限性，重視社會文化因素的影響和個人的成長。他認爲，人格發展是自我和社會文化相互作用的過程，人的一生可以分爲八個階段：即嬰兒（infancy）、幼兒（early childhood）、幼童（play age，3-4歲）、學童（school age）、青春期（adolcscence）、青年（young adulthood）、成年（adulthood）和老年（old age）；而人格的發展也相應地經歷了信任對不信任、自主性對羞怯疑慮、主動性對罪疚、勤奮對自卑、同一性對同一性混亂、親密對孤獨、繁殖對停滯、完善對失望這八個階段。一改佛洛伊德追溯童年經歷、強調幼兒性慾的做法，艾力克森更爲重視青春期和青年時期對人格養成的作用。因爲在青春期形成的「自我同一性」（identity）及可能出現的「自我同一性危機」(identity crisis)，對個人和社會都有著極爲重要的意義。

同一性和同一性危機是艾力克森人格發展心理學中的一個核心部分，如它的原文含義，這個概念可以簡單地理解爲個人在成長過程中個性和社會角色的形成並尋求社會的承認與認同，以及伴隨而生的一系列心理危機，這種心理危機往往對人的行爲和一生具有巨大的影響。艾力克森根據精神分析學的臨床實踐得出「同一性」和「同一性危機」在青少年成長過程中的普遍存在，由此將這一理論運用到心理史學的研究之中，對歷史人物做出解釋。

艾力克森關於十六世紀德國宗教改革領袖馬丁·路德的傳記《青年路德：對精神分析學與歷史學的研究》，是繼佛洛伊德對列奧納多·達·芬奇的天才分析之後最富創造性和開拓性的心理史學作品，此書自1958年出版以來就一直是心理史學傳記的典範。在書中，艾力克森有意識地表明，馬丁·路德的自我同一性危機如何以他同羅馬天主教教會決裂和在自身及宗教方面發現自我的方式得到解決的。艾力克森的研究在方法論上基於這樣的假定：「每個人在生命周期的青春時期都用殘存不忘的童年記憶和對未來成年期的希望爲自己構造某種重要的觀點和方向，構造某種行動的協調。」[1]與佛洛伊德一樣，在這裏艾力克森就像醫生對病人一樣將他的主人翁用心理分析的理論細細地分析了一遍。

與佛洛伊德不同的是，艾力克森注意到了個人成長同社會之間存在的密切聯繫，認識到心理學和歷史研究之間的區別。因此，在《青年路德》及其他心理史學著作中，艾力克森使用了許多來自史學的資料，運用了一些心理學以外的論證和敍述方法，而不局限於個人的內心，兼及社會的作用與影響。即便是一些純心理學理論的範疇如「同一性」等，也被置於更廣泛的社會和歷史背景之下，有文爲證：

> 在討論同一性時，我們不能把個人的成長和社會的變化分割開來，我們也不能把個

> 人的生長和社會的變化分割開來，我們也不能把個人生命中的同一性危機和歷史發展的現代危機分裂開來，因為這兩方面是相互制約的，而且是真正彼此聯繫著的。

除了對馬丁·路德的經典分析以外，艾力克森還寫過甘地、蕭伯納等人的心理傳記，同時也對心理史學的理論和方法進行了廣泛的探索。正是他的這種開拓性實踐，爲美國心理史學研究勾勒了基本的輪廓和概貌，眞正推動了心理史學的進一步發展。

第二節　蔚然成風

在蘭格和艾力克森等人的號召及帶動下，美國的心理史學研究變得異常的活躍，新人新著層出不窮，內容和形式也更加多樣化。這首先表現在論文的數量上，以下的一組資料可以略作說明：

> 從1965至1969年間，心理史學博士論文的數量是十二篇，而1975至1979年，這個數位增至六十五篇，在十年的時間內增加了400%。而在大體相同時期的十年內整個歷史學科的博士論文數量僅增加約14%（即從1968年的754篇增至1978年的862篇）。[2]

當然這些數字主要是指西方以英語撰寫的論文數量，但仍可以基本反映心理史學自七〇年代以後迅猛發展的一個態勢。

此外，在學科建設上，它也日漸形成規範和系統。在美國有幾個專業的心理史學刊物：《心理史學評論》（*The Psychohistory Review*）和《童年史季刊：心理歷史學雜誌》（*History of Childhood Quarterly: The Journal of Psychohistory*），其他經常刊載心理史學文章有數十種之多，一些著名的權威刊物如《美國歷史評論》（*The American Historical Review*）、《美國歷史雜誌》（*The Journal of American History*）、《跨學科歷史雜誌》（*The Journal of Interdisciplinary

History）、《史學與理論》（*History and Theory*）等，也經常載文討論心理史學的課題，甚至開闢心理史學的專刊專欄。在高等院校的歷史教學中，心理史學占據了一席之地，據七〇年代末的統計，約有三十餘所大學開設了心理史學課程，有的還招收心理史學專業的博士生。近年來，隨著電腦網路的推廣和普及，心理史學也開始借助國際互聯網（Internet）擴大自身的影響，一方面，利用最快捷的途徑使全世界的歷史學家及史學愛好者共同對一些心理史學問題在網上展開交流與討論；另一方面，藉由電腦遠端教育的手段培養和提高人們對心理史學研究的興趣及理論素養。

除此之外，幾十年來心理史學最大的進步便是研究質量的提升。英國著名歷史學家巴勒克拉夫（Geoffrey Barraclough）在談到這種進步時指出：

> 首先，研究的側重點從個人心理轉移到了社會心理。其次，歷史學家現在以完全不

> 同於過去的方法來使用心理學知識，不再把人的心理看作解釋人類行為的始終一貫的、不變的、永恒的、固定的基礎，而是看作社會環境中的一個側面，必須同這個歷史背景下其他所有的側面一樣予以解釋。[3]

由於受佛洛伊德和艾力克森在心理史學傳記方面的最初探索及成功之作的影響，在五〇年代及之後的美國心理史學界乃至整個西方，借助精神分析學說撰寫歷史人物傳記蔚然成風，成爲心理史學研究的主要形式之一。幾乎每一個有影響力的歷史人物都成了心理分析的物件，其中像希特勒等在人類歷史上產生過重要作用而且性格神秘又略帶變態人格的人物，尤其爲心理史家們所熱衷。而研究者中，從精神分析學家到專業的歷史學家，乃至其他各學科的學者不一而足。

然而，這些後來者的成就顯然難以與佛洛伊德或艾力克森的天才論著相提並論，他們非但未能克服前人著作中固有的缺點和問題，且缺少理論的獨創性和分析論證的縝密細緻。大部分心理傳記只知簡單地照搬套用精神分析理論名詞，對歷史人物進行種種人格分析和心理診療，再對其生平活動妄自臆測。心理史學傳記中存在的缺陷使之遭到了各種尖銳的批評，我們將會在以後的章節中對此予以詳細的討論。

當然，問題不可一概而論，心理傳記作爲心理史學著作的一個重要形式，對整個的心理史學研究產生過重要的推動作用，心理史學的發端便是從佛洛伊德及艾力克森等人對歷史人物個體心理的剖析而肇始的，近年來也不乏優秀的心理史學傳記問世。

心理史學的研究風氣之盛也反映在以群體心理和社會群體的歷史爲研究物件方面，即群體心理史學研究。儘管精神分析學說主要以研究個人心理和精神世界爲基礎，但人作爲社會的一分子，其在社會中的作用和行爲都不可能是孤立的；同樣，社會發展的動力是一種合力，人類群體的心理狀態會在一定條件下對歷史的進程爲生重要的影響。

早在十九世紀末，法國社會心理學先驅古斯塔夫·勒龐（Gustave Le Bon）就寫下了一系列社會心理學著作討論「群體心理」在歷史上的作用問題。勒龐注意到單個的人在集合成「群體」後會發生一系列明顯的心理變化：

> 聚集成群的人，他們的感情和思想全都轉到同一個方向，他們自覺的個性消失了，形成了一種集體心理。……
>
> 有意識人格的消失，無意識人格的得勢，思想和感情因暗示和相互傳染作用而轉向一個共同的方向，以及立刻把暗示的觀念轉化為行動的傾向，是組成群體的個人所表現出來的主要特點。……
>
> 孤立的他可能是個有教養的個人，但在群體中他卻變成了野蠻人——即一個行為受本能支配的動物。他表現得身不由己，殘暴而狂熱，也表現出原始人的熱情和英

> 雄主義，和原始人更為相似的是，他甘心讓自己被各種言辭和形象所打動，而組成群體的人在孤立存在時，這些言辭和形象根本不會產生任何影響。他會情不自禁地做出同他最顯而易見的利益和最熟悉的習慣截然相反的舉動。一個群體中的個人，不過是眾多沙粒中的一顆，可以被風吹到無論什麼地方。[4]

在論述過程中，勒龐常常會借用一些歷史的例證，這也可以看作是在史學領域中關注集體心理的最早嘗試之一。比如，他曾舉例指出：

> 法國大革命時期，國民公會的委員們，如果分開來看，都是舉止溫和的開明公民。但是當他們結成一個群體時，卻毫不猶豫地聽命於最野蠻的提議，把完全清白無辜的人送上斷頭臺，並且一反自己的利益，放棄他們不可侵犯的權利，在自己人中間也濫殺無辜。[5]

再如，他在談到群體在歷史中的作用時講到：

> 正是群體，而不是孤立的個人，會不顧一切地慷慨赴難，為一種教義或觀念的凱旋提供了保證；會懷著贏得榮譽的熱情赴湯蹈火；會導致──就像十字軍時代那樣，在幾乎全無糧草和裝備的情況下──向異教徒討還基督的墓地，或者像1793年那樣捍衛自己的祖國。這種英雄主義毫無疑問有著無意識的成分，然而正是這種英雄主義創造了歷史。如果人民只會以冷酷無情的方式去成就大業，那麼世界史上便不會留下他們多少記錄了。[6]

在過去的一個世紀裏勒龐及其著述曾經一度湮沒無聞，他對現代西方心理史學究竟有何種影響也已無從細考，但社會大眾的精神狀態或集體心理在心理史學研究中占據的重要地位是不言自明的。即便是作爲心理史學鼻祖的佛洛伊德也無法回避這個問題，儘管其精神分析理論主要是就人類個體而言，但他仍嘗試將其擴展到個體以外，推斷和解釋人類史前史、人類文明以及教會、軍隊等人類組織的產生和發展，寫作發表了《圖騰與禁忌》、《集體心理學和自我的分析》、《文明及其缺憾》等著作。

在探求歷史上人類整體的心理維度方面，佛洛伊德直接承繼了勒龐的許多觀點。在《集體心理學和自我的分析》一書中，佛洛伊德對《烏合之眾》有連篇累牘的引述，但他始終未能擺脫對個人心理奧秘的執著，只是簡單地將人在社會群體中的作用視作個體心理的放大而已。在晚年所寫的自傳中，佛洛伊德講到：

> 人類歷史中的重大事件，即人性、文明的發展和原始經驗的積澱（宗教便是最明顯的例子）三者之間的相互作用，只不過是精神分析學在個體身上所研究的自我、本我和超我三者動力衝突的一種反映，是同一過程在更廣闊的舞臺上的再現。[7]

然而，群體與個體的關係絕非如1+1=2那樣的簡單，也不能用個體的行爲、個體的心理狀態來臆測一個社會群體的行爲與心理；同時，和單個的人一樣，人類群體的行爲與歷史發展並不限於心理的動因，還牽涉到不同的文化及社會背景，也不能用單純的心理決定論一概而論。以此認識爲基礎展開的對人類群體心理史的考察，也許能夠更爲準確地反映一個時代的歷史概貌或是一個社會群體的集體心理狀態。

在這方面，不乏優秀的心理史學著作，1985年，美國加州大學歷史學家彼得·洛溫伯格（Peter Loewenberg）發表的〈納粹青年追隨者的心理歷史淵源〉一文便是成功之作的代表。在文中洛溫伯格借用人口學中「人群」的概念，將德國在兩次世界大戰間成長起來的年輕人作爲一個整體加以分析，運用精神分析學及其他社會科學的理論，解釋他們如何最終成爲納粹忠實追隨者和主幹力量，由此導致了德國民族社會主義勢力抬頭、希特勒上臺以及第二次世界大戰爆發等直接後果。

以下不妨以此文爲範例，結合洛溫伯格的

分析可以略窺群體心理史的一些具體特點。首先作者總結了一般史學研究對二戰起因的論斷，即認爲在第一次世界大戰與以後民族社會主義的崛起之間存在著歷史聯繫，德國的戰敗及革命引起的痛苦與納粹黨的上臺有著因果關係。在這個前提下洛溫伯格提出了一個之前並不爲大多數歷史學家所認識的歷史因素：

> 從1914至1920年時期，到1929至1935年民族社會主義的崛起和勝利，這前後兩個時期之間的關係是屬於特殊的一代人的關係。第一次世界大戰期間的幼童和青少年所經歷的戰爭和戰後遭遇，明顯地決定了民族社會主義的性質和成功。1929年之後，在政治上發揮影響力和參加衝鋒隊及其他准軍事性納粹組織（諸如「希特勒青年團」和「德國少女聯盟」）的新一代成年人就是那些在第一次世界大戰中社會化了的兒童。[8]

洛溫伯格認爲，在兩次世界大戰中成長起

來的這一代青年人，由於「在其性格形成的決定性時期的遭遇（尤其是童年早期的遭遇）」，及「他們在童年時期性心理的形成和政治社會化方面的共同經歷」，比如「父母長期離家在外；父親戰敗歸來；極度的饑餓和貧困；國家的戰敗」等等，「這些經歷導致了他們成年時期性格上所具有的相似的固結（fixation）和畸變」。由此，就可以將他們作爲一個整體或「群體」加以研究，而他們童年經歷的特殊性也決定了應該採用精神分析的方法，即要重視嬰幼期和童年時期的成長及其對成年時期行爲的影響。

在展開具體的分析之前，作者非常簡單地介紹了他所要採用的精神分析學理論，即「固結」（fixation）和「回歸」（regression）這兩個互爲因果的概念。在佛洛伊德《精神分析引論》一書的中譯本，又將之譯作「執著」和「退化」，它是佛洛伊德有關精神病起因研究中的核心問題之一。根據佛洛伊德的理論，人的有關心理功能，主要是性功能在達到正常成人狀態前必須經歷一個漫長而複雜的發展過程，在這一過程中，「各個性的衝動的單獨部分都可停滯於發展的初期之內」，這即是所謂的「執著」或「固結」；而「一種衝動的較爲發展的機能，若遇有外界強有力的障礙，使它不能達到滿足的目的，它便只有向後轉一個辦法」，「退化」或「回歸」到之前的那些「執著」點或「固結」點上。並且「在發展的路上執著之點越多，則其機能也越容易爲外界的障礙所征服而退到那些執著點之上；換句話說，越是新近發展的機能，將越不能抵禦發展路上的外界困難。」[9]如將此理論運用於個人，也許更利於理解。人在個性及性心理發展過程中存在有許多未能解決的矛盾和未能消除的焦慮，當已處於成熟階段的個人遭遇持續的重大挫折時，對付痛苦和不滿的反應就是從心理機制的較高階段回歸到較早時期的活動模式；早期遺留的固結越強，日後面對挫折的能力就越脆弱，回歸的要求就越大。

洛溫伯格將這一理論運用到對「第一次世

界大戰時期的德國兒童這一較大的歷史實例」的分析之中。對這一代人而言，早期的固結點就是第一次世界大戰，以及戰時的境遇：長時期的饑餓，不斷聽到戰爭宣傳，父親離家在外，喪失了一切政治準則和規範：

> 自我功能階段因童年時期所受的戰爭創傷而形成了一個「固結點」。向這種階段回歸的心理症狀包括：用對外採取暴力的方式來宣洩個人心中的緊張感情，將全部反對國家和社會的消極品質投射到外國和少數民族的個人及群體身上，以要求立刻得到滿足來對付挫折。弱化了的自我和超我導致了回歸，其政治表現不僅明顯地在於轉向暴力，而且尤其在於渴望一位被美化、被理想化、又令人敬而遠之的父親：他無所不在，無所不能，他宣揚武德，要子女們同他一樣穿上制服，為國參戰，並向他認同。[10]

以上種種正是這一代年輕人最終成爲納粹

青年追隨者的具體表現，也完全符合二十世紀三〇年代前後德國社會的現實狀況。

接下來，筆者試圖借用人口社會學上關於「人群」的概念對其分析的物件加以定性，兒童由於其自我的脆弱，在災難中所遭受的創傷也最大，而且性格的形成、基本驅力的方向以及家庭和社會價值的內化等，都取決於嬰幼和兒童時期。因此，洛溫伯格將這一代人稱之爲「納粹青年人群」，並作爲一個整體來進行分析。

在成長過程中遇到的種種挫折使他們飽受打擊，對社會現實充滿失望，而一步步「回歸」至舊有的「固結點」上。如1929至1933年的經濟危機造成了嚴重的經濟蕭條，德國所受到的打擊尤爲劇烈，其中對社會最大的衝擊便是造成了大量的失業。而在勞動力市場上年輕人當然是最易受損害的人群之一，他們可以用來競爭就業的資歷最淺、經驗最少，即便是大學畢業生的就業前景亦同樣不佳，由此導致的後果就是，「他們很快就形成了一個失業的知識分子無產階級，指望從納粹主義得到援救和地位。」這也就可以很自然地解釋納粹黨何以在1928至1932年大蕭條這四年裏逐漸在選舉中獲得優勢，最後於1932年7月31日的選舉中獲勝而爲議會第一大黨。

在洛溫伯格的心理史學分析中，並非純粹是精神分析理論的堆砌和羅列，除了間或用一些病例和臨床診斷來說明其理論依據之外，作者使用了大量的人口資料和統計資料，來證明青年一代在大蕭條、加入納粹組織、促使魏瑪共和國垮臺及納粹掌權過程中的具體表現和作用。他分析指出：

> 納粹分子權力增長極快的原因是，原先不積極的人和新近達到選舉齡二十歲而獲得選舉權的人參與了政治。1930年有五百七十萬新選民。合格選民參加選舉的比率從1928年的74.6%增至1930年的81.41%，1932年則為83.9%，在1933年3月5日的選舉中，又比上一年增加了二百五十萬新選民，參

加投票的選民人數上升到占全體選民的88.04%。[11]

不斷增加的就是新的年輕選民，如果加上同期死亡的老選民這個數字就更爲巨大，可見他們對於國家政治生活有著舉足輕重的影響力。

除了自身因素外，德國民族社會主義在宣傳上也非常重視青年的力量，他們對年輕一代的號召取得了極大的成功。例如，納粹黨有一正式口號：「民族社會主義是有組織的青年意志。」他們利用兩代人的矛盾號召青年人反對老一輩政治領袖，積極在大學生中發展追隨者，在大學建立納粹青年組織，因此有學者就說：「民族社會主義黨是作爲青年人的政黨取得政權的。」人口統計的資料也表明，青年人在納粹黨員中的比例之高遠遠超過其他政黨：

從納粹運動的年齡結構上看，持極右立場者的青年人居多。根據1933年德國人口調查，十八至三十歲的人占德國人口的

> 31.1%。這一年齡組中的民族社會主義黨員所占的比例從1931年的37.6%增加到一年後納粹上台前夕的42.2%。……相較之下，德國政治中最強大的民主力量，第二大黨社會民主黨於1931年只有19.3%的黨員屬於十八至三十歲這一年齡組。1930年社會民主黨人說，他們有不到8%的黨員在二十五歲以下，有不到半數的人在四十歲以下。[12]

納粹黨有意識地利用了青年的力量，而青年人本身具有的激進化傾向也有利於納粹主義的崛起。然而。各種證據顯示，這一代德國青年比起以前各代青年更加傾心於暴力和侵略行爲，這又當如何解釋呢？洛溫伯格傾向於這樣的做法：

> 令人信服的回答在於將下述兩方面知識融合起來：一方面是我們從精神分析學説獲得的關於人格功能作用的知識；另一方面是歷史人口學關於時代變化的人群理論和我們從政治學者、歷史學者和社會學者的

> 研究成果中得到的關於納粹黨的結構及其領導人的資料。[13]

作爲有關傳統的納粹主義興起的補充，洛溫伯格著重從精神分析的角度展開分析，引用了大量的資料和病例來說明這一代青年特殊性的形成原因。由於一次大戰和戰敗後的物資短缺、經濟衰退，在這期間出生和成長的兒童普遍存在營養不良及高發病率；戰時由於父親因參戰離家在外，婦女又大規模參加戰時工作，兒童一般都缺少良好的照管。根據人格發展的理論：

> 童年時期的情緒決定著成年後的心理健康和心理狀態。現代戰爭的狀態、家庭生活的長期解體，加上基本食物和住所的缺乏，再加上全國上下歷久不衰的愛國主義、仇恨和暴力情緒，必然要使兒童的情緒和心理發展產生畸變，因為童年時期在滿足基本心理、肉體需要方面的不平衡造成了持久的心理畸形。[14]

這種心理畸形喚起了兒童內心世界潛意識中的侵犯性和破壞性慾望，造成了暴力傾向的產生。因此，他們以後接受納粹主義可以理解爲是爲了補償曾經缺少的母愛和家庭生活而出現的一種回歸欲望。而且，童年時期喪失父愛，也對青年人的人格及其對父親的形象、政治權威和權力的來源的看法有著深刻的影響。

由此，洛溫伯格得出了這樣的結論：

> 第一次世界大戰中德國兒童所經受的損失與這些兒童、青少年對由本世紀三〇年代初期大蕭條引起的焦慮所作的反應之間存在直接的關係。這種關係是心理動力上的關係：戰爭的一代削弱了自我和超我，這意味著這一代人在蕭條期間遇到新挫折時就會輕易地接受以快速的解決辦法和暴力為基礎的方式。於是，他們就復歸到了兒童發育時期的早期階段的特定固結點：這一固結點的特徵是狂怒、施虐狂及對在外父母（尤其是父親）的防禦性的理想化。

> 這些要素使得這個同齡人群特別容易接受在其意識形態中利用投射和移位的群眾運動。而更重要的是，這個年齡群體的人成了服從於一個至高無上的、具有超凡魅力的首領的年輕的德國選民。[15]

透過心理史學的分析，我們看到，因爲一代人命運的不幸竟最終導致了整個人類的一個悲劇。

洛溫伯格關於這個特殊人群的成功分析讓我們充分感受到心理史學在群體史研究中所具有的廣闊前景，也展現了心理史學本身在歷史學領域不可替代的重要作用，這也是心理史學的生命力之所在。

第三節　另類別幟

對於美國心理史學派來說，勞埃德·德莫斯（Lloyd de Mause）無疑屬於「另類」，是個頗具爭議的人物。德莫斯曾長期潛心於歷史學研究，又受過社會學、政治學和經濟學方面的訓練，主辦過多家經濟刊物，創建過公司，還有從事五年專職統計工作的經歷。除此之外，他還是精神分析學說的專家，在應用精神分析於歷史研究領域提出了自己獨特的一套理論方法，並爲此做了大量的實踐和組織工作。

德莫斯長期擔任美國《童年史季刊：心理歷史學雜誌》主編，和總部在紐約的心理歷史學研究所主任，致力於心理史學的研究工作。他認爲早期以精神分析理論爲基礎的心理史學，對揭示歷史進程中的心理因素發揮了重要的作用，但這些研究終究只是少數精神分析學家憑著他們對歷史的興趣，利用業餘時間所作的初步探索，即利用臨床上的新發現去解釋一些歷史問題，諸如當「戀母情結」這一名詞出現時，人們便認爲某些領導人具有戀母情結；當「自我心理學」發展以後，又認爲這些領導人面臨著同一性危機。此處，他批評的矛頭顯然直接指向了心理史學最主要的兩個代表人物

——佛洛伊德和艾力克森。

他認為，現今的心理史學經過早期的開拓和摸索，已有了更進一步的發展，他稱之為「新心理歷史學」階段。在這一時期，心理史學在三個方面取得了很大的進展：第一是發現了童年史這個新的研究領域，童年史能構成研究個性類型和歷史中的個人及團體行為的基礎；第二是在六〇年代發展起來的精神分析學的群體作用理論，從而將臨床心理分析理論擴展為一種有別於社會學的研究群體的理論；第三是新一代心理史家所持的徹底經驗主義的態度，他們一般都受過精神分析學和某一門歷史學科的訓練，並專心致力於發展一門研究歷史動機形成的新科學。

值得注意的是，在此處德莫斯把所謂新心理歷史學理解為一門新的科學，倡導心理史學的獨立性。儘管與一般心理史家一樣，德莫斯主張運用精神分析學說為心理史學的主要理論工具，但其關於心理史學性質和目的的觀點，卻引起了學界的諸多爭議和不同意見。他認爲，兩者的任務迴然相異，心理史學以問題爲中心，而歷史學則以問題爲中心，前者不是要弄清歷史事件的發展過程，而是要「研究歷史動機」，這種歷史的動機就存乎於人的心理，因爲「決定歷史進程、並以某種形式影響決策者精神世界的關鍵，不是物質進步，而是人的心理」。心理史學的研究工具就是各種各樣的心理分析理論和方法，這是歷史學所無法比擬的優勢，因此，心理史學「是發現的再發現，它要再那些人人都知曉和遵循的事物中再有新的揭示。」[16]他堅持心理史學必須從歷史學中分離出來，並提出在大學設立獨立的心理史學研究科系。

在傳統歷史學家和大多數心理史家的眼中，德莫斯的這種觀點無疑是離經叛道、難以令人苟同。例如，美國歷史學家大衛·斯坦納德（David E. Stannard）在其批判心理史學的論著《退縮的歷史：論佛洛伊德及心理史學的破產》（*Shrinking History: On Freud and the Failure of Psychohistory*）裏，對德莫斯在研究中試圖體驗兒童的心理感受的舉動深爲不屑，認爲這已遠遠超出了最廣泛的學術定義範圍，他不無譏諷地說：

> 難怪當德莫斯最近宣布自己脱離史學規範時，其他一些不太怪僻的心理史學技巧實踐者總算默默地鬆了一口氣——他們當然不會花「幾百小時」去與兩歲的孩子鑽被窩以求歷史之謎的答案。[17]

德莫斯要將心理史學獨立於歷史學之外的企圖也許並不能爲主流所認可，而且其觀點自身也有過激極端之論。但依靠自己的著述言論，他在整個心理史學研究領域仍然占有一席之地，影響和吸引了一批追隨者。在推廣自己的主張和推動心理史學的研究中，德莫斯麾下的心理歷史學研究所、《童年史季刊：心理歷史學雜誌》、國際心理史學協會等都具有頗爲巨大的影響力，爲此他還建立了一個專門的心理史學出版社和心理史學的互聯網站。可以說，在心理史學領域，他的個人影響與號召力是絕無僅有、不容小覷的。只是由於其極端的心理因素決定論觀點，由於其過於玄奧的研究方法，由於其堅持心理史學與歷史學相分離的特殊主張，使他成爲了游離於心理史學主流之外的「另類別幟」。

有容乃大。多一點寬容，我們以爲於歷史研究有益；多一點寬容，我們就不會把他看作「另類」，也不會把他視爲離經叛道的「別幟」了。

注釋

1.Erik Erikson, *Young Man Luther: A Study in Psychoanalysis and History*, New York, 1962, p.14.

2.羅鳳儀，《歷史與心靈：西方心理史學的理論與實踐》，北京，中央編譯出版社，1998年6月，第一版，第70頁。

3.傑佛里·巴勒克拉夫，《當代史學主要趨勢》，楊豫譯，上海藝文出版社，1987年2月，第一版，第101頁。

4.古斯塔夫·勒龐，《烏合之眾：大眾心理研究》，馮克利譯，北京，中央編譯出版社，2000年1月，第一版，第17-22頁。

5.同注3，第22譯。

6.同注3，第23譯。

7.佛洛伊德，《佛洛伊德自傳》，顧聞譯，上海人民出版社，1987年，第一版，第106頁。

8.彼得·洛溫伯格，《納粹青年追隨者的心理歷史淵源》，張同濟譯，載《史學理論研究》，1996年第三期，第133頁。

9.佛洛伊德，《精神分析引論》，高覺敷譯，北京，商務印書館，1984年11月，第一版，第271頁。

10.同注8，第135-136頁。

11.同注8，第139頁。

12.同注8，第140頁。

13.同注8，第141-142頁。

14.彼得·洛溫伯格，《納粹青年追隨者的心理歷史淵源》(續)，張同濟譯，載《史學理論研究》，1996年，第四期，第144頁。

15.同注14，第155-156頁。

16.勞埃德·德莫斯，《人格與心理潛影》，沈莉等譯，上海人民出版社，1989年，第一版，第8-28頁。

17.大衛·斯坦納德，《退縮的歷史：論佛洛伊德及心理史學的破產》，馮鋼、關穎譯，杭州，浙江人民出版社，1989年7月，第一版，第5-6頁。

第四章　從地窖到頂樓

舉凡科學的研究工作，大抵都得經歷這樣的過程：由淺入深、由表及裏、由先個別而後一般，由先具體事實的扶隱鉤沉而後總體概括的因果辯證。概言之，學術研究需要深化、需要創新，這對運用佛洛伊德精神分析學說爲代表的心理史學是如此，對以法國年鑑學派爲代表的心態史學也是如此，他們的豐碩成果可爲之佐證。

第一節　年鑑模式

年鑑學派的創始人呂西安·費弗爾（Lucien Febvre）曾這樣指出過：

> 要研究中世紀（這是一個至少要延續到十六世紀、甚至更長的中世紀）人的生活、禮俗、生存和行動的方式，如果對那個時代的人所表現出來的多變的氣質和非常易於受外界影響的情況無動於衷，是不可能進行的；——要在可靠的文獻中閱讀有關王公貴人的記載，閱讀有關節令、宗教儀式、執行法庭判決、群眾性佈道等等的敘述也是不可能的。易於生氣、易於興奮；既隨時準備戰鬥，又同時隨時準備互相擁抱。人們跳舞、人們哭泣；人們顯得殘忍，接著又顯得溫和。[1]

正當心理史學在美國開始萌動崛起之時，在大洋另一邊，法國的歷史學家在完全獨立的情況下也開始了對這個問題的關注。1938年，法國年鑑學派的第一代大師呂西安・費弗爾特意撰文寫下了上面這段文字，探索歷史與心理學結合的問題，自此以後，一種獨特的心理史學模式——「心態史學」（history of mentalities）開始在法國年鑑學派的倡導下逐漸興起。

年鑑模式可以視爲現當代法國史學，乃至西方史學研究的一種典範，並在整個世界範圍裏產生了重要的影響，成爲現今國際史學發展的主流。我們已有《年鑑學派》一書面世[2]，此處爲了與心理史學，尤其與法國的心理（態）史學相驗證，對這一學派還需略作補白。

1929年，兩位志同道合的歷史學家在法國東北邊陲的一所大學裏，共同創辦了一份新雜誌《經濟與社會史年鑑》，年鑑學派便因此而得名。他們就是呂西安・費弗爾和馬克・布洛赫（Marc Bloch），以史特拉斯堡大學和《年鑑》雜誌爲中心在他們的身邊聚集了一批年輕的學者。他們大膽地打破了傳統政治史學、「精英」史學的窠臼，試圖糅合經濟、社會、文化等因素，倡導打破學科界限，進行跨學科綜合研究，推進總體史研究。

年鑑學派的發展經歷了三個主要的階段。在初創階段（1929-1945年），以費弗爾和布洛赫爲代表，他們透過《年鑑》雜誌廣泛地展開批判傳統史學和宣傳新史學的活動。最爲重要的就是他們積極倡導研究人類活動的總體史，布洛赫有句名言：「唯有總體的歷史，才是眞歷史。」總體史的概念包括了：地理環境、氣候條件、社會、經濟、文化、思想、情感、政治等諸多因素，尤其強調對經濟條件和社會結構的分析。一方面大大擴大了史料的範圍，另一方面也改變了實證主義史學以「政治軍事史」、「事件史」和「精英人物」爲中心的舊習，社會群體、下層的藝人、農民和工人都成了歷史舞臺上的「英雄」。

在他們的「總體史」中，有關人類的心態和心理層面的歷史占據了非常重要的位置，也正是他們開始了這方面的最初探索。例如，布洛赫在其第一部著作《國王的奇蹟》（*Les Rois*

Thaumaturges, 1924）中就大量地涉及到了民間信仰和社會心理問題；在他的綜合性巨著《封建社會》（*La Societe Feodale*, 1939-1940）中，在對作爲社會結構的封建制度進行全面研究的同時，他亦對中世紀人們的精神狀態作了相當的研究。費弗爾同期的著作《馬丁・路德：一個命運》（*Un Destin, Martin Luther*, 1928）要比艾力克森的同題材著作早了三十年，在書中他運用了歷史學、社會學和心理學的方法分析了當時德意志社會普遍存在的不滿情緒，以及社會衝突與宗教觀念之間的相互作用，並力圖從集體心態的角度來闡釋馬丁・路德的個人心理、行爲及宗教改革運動；在另一部著作《拉伯雷的宗教：十六世紀的不信神問題》（*Le Probleme de l'Incroyance au 16e Siecle: La Religion de Rabelais*, 1942）中，他從拉伯雷是否是一個無神論者的問題引申到十六世紀人們整個的精神狀態和世界觀的問題，跳出了囿於拉伯雷個人的討論，而戮力考察其所處時代的社會文化和習俗，剖析社會心態結構。他們的

開風氣之先河，爲後來的法國心態史學研究提供了可資借鑒的典範。

但在第一代年鑑學派時期，心態這一領域尚未與經濟領域或社會經濟領域的研究完全區分開來，只是提倡進行廣義的總體史研究。

戰後，法國年鑑學派進入了第二個階段，這個階段的代表人物是費爾南・布羅代爾（Fernand Braudel），這也是年鑑學派聲名遠播日趨顯赫興盛的時期。在布羅代爾時代，心態史學和計量史學是年鑑學派發展的兩個主要方向。當時仍健在的費弗爾一直致力於有關人類精神生活的歷史研究，五〇年代初，他曾建議布羅代爾寫一部十五至十八世紀歐洲的物質文明史，並由他本人相應地另寫一部精神文明史。但頗爲遺憾的是，尚未了卻心願的他便於1956年不幸去世了，我們現在能夠看到只有布羅代爾單獨完成的三卷原本巨著《十五至十八世紀的物質文明、經濟和資本主義》。

從兩人寫作的分工不難發現，布羅代爾的專長並不在心態史方面，儘管他始終致力於總體史的研究，儘管他提出的「長時段」歷史中也包括了人的意識和精神活動，但在年鑑派第一代所主張的經濟與社會這兩個領域當中，他更偏重於前者。經濟史在第二代年鑑學派時期還是占據了較爲優先的地位，因此後來更爲年輕的新一代年鑑派學者指出：

> 第二代年鑑派史學家在年鑑學派遺產中作出了自己的選擇。他們並沒有全盤接受這些遺產。M·布洛赫和L·費弗爾當時研究領域中一個相當大的部分，即從想像、群體心理學和文化角度出發對社會所作的研究，在第二代中已黯然失色。這個屬於心態的領域已留待少數探險者去繼續開拓了。[3]

這少數的探險者主要指的就是喬治·杜比（Georges Duby）、以及羅貝爾·芒德魯（R. Mandrou）兩人，在費弗爾的影響下，他們從五〇年代中期便開始了在心態史這個新領域的探索。他們在法國的高等院校開設了最早的心理史學討論班，推廣和倡導心態史學的研究；1958年合著出版了《法國文明史》一書，形成了基本的心態史概念，認爲「不能讓社會的歷史只停留在物質生活和經濟生活的研究上，而應當把它們與集體心態的研究有機地結合起來。」在六〇年代，他們又發表出版了多部有影響的心態史學論著，如杜比的《戰士與農民》，芒德魯的《歐洲的巴洛克：悲愴的心態與社會革命》、《近代法國導論：論歷史心理學》（1500-1640年）等，都將人的心態、社會的心態作爲主要的考察物件，勾勒了一副人類精神狀態的歷史，因而被視爲早期心態史研究的代表作品。

正是在他們的積極努力下，「心態」（mentalité）這個當時還略含貶義的詞逐漸爲史學所接受。六〇年代初，喬治・杜比被特意約請爲著名的「七星文庫」的《史學及其史學方法》一書撰寫「心態史學」的章節，這標誌著心態史學登堂入室，正式步入了法國史學的殿堂。

年鑑學派的第三個階段開始於六〇年代末，1968年的「五月風暴」不僅是戰後法國社會政治與文化的一個分水嶺，也標誌著年鑑學派內部的重大變革。布羅代爾被迫辭去《年鑑》雜誌主編，接力棒傳到了雅克・勒高夫（J. Le Goff）等新一代歷史學家手中。經過重組，他們打出「新史學」的旗號，恢復了年鑑學派創始人注重精神狀態史研究的傳統，並將研究重心逐步由社會——經濟史爲主轉向以研究人們的心態爲主要內容的社會——文化史，因此又被稱爲「年鑑——新史學派」。

這一階段最重要的趨勢就是心態史學研究的重新出現和日趨活躍，出現了以勒高夫、阿里埃斯（Philippe Aries）、伏維爾（Michel Vovelle）等人爲代表的一大批出色的心態史學家。幾乎與同期在美國出現的情況一樣，許多重要雜誌（包括最保守的期刊）的專欄、碩士和博士論文的選題都向心態史學方向傾斜和轉移；在七〇年代，曾經一度風靡的社會經濟和人口學的主題銳減，研究者紛紛湧向原先少有人問津的一些主題——兒童、家庭、死亡、性、犯罪、社交、年齡階層、噪音、群眾狂熱等等，心態史甚至成為「當代文化的一個富有特徵的現象」。歷史研究領域由經濟向心態這一更為深層結構的轉移過程，被伏維爾等稱為「從地窖到頂樓」，它意味著我們把握了過去歷史的整體架構，歷史的認識也更為全面眞實。雅克・勒高夫在《新史學》一文中寫到：

> 「心態」這一廣泛、含糊而又常常令人憂慮的名詞，正如其他許多具有廣泛含義的詞一樣，對近年來的史學領域的變化起了很大的推動作用，尤其對經濟史領域起了一種理想的平衡作用，從而給整個史學帶來了新鮮空氣。[4]

在「年鑑——新史學派」的積極推動和實踐下，心態史學的概念和方法得到了不斷的發展並趨於完善，確立了其在史學中的獨立地位。這方面，我們可以舉出許多卓越的心態史家和優秀的心態史學著作，這些將在下文中予以介紹。

第二節　模糊史學

在法語中，「心態」一詞是個非常寬泛而模糊的概念，然而正如勒高夫所指出的那樣，「心態史最吸引人的地方正在於其模糊性：可用之於研究別人置之不顧的資料，即史學研究分析中由於難以闡明其含義而置之不顧的資料。」

勒高夫曾經從詞源學的角度系統地分析了「心態」一詞的發展，其詞義從古羅馬經典作家、中世紀經院哲學家、十七世紀英國哲學家、法國的啓蒙思想家直到現代法國的心理學家、文化人類學家，歷經變遷，甚至還略帶貶義的意味。由於其詞義的模糊性，對心態史學概念的界定也多種多樣，長期以來並不統一。如勒高夫認爲，「心態史研究日常的自動行爲。心態史研究的物件是歷史的個人沒有意識到的東西，因爲，心態史所揭示的是他們思想中非個人的內容：這內容是凱撒及其古羅馬軍團中最低一等的成員所共有的，是聖路易及其土地上的農民所共有的，是克里斯托佛・哥倫布及其手下的水手所共有的。」[5]在喬治・杜比看來，心態史是價值觀念的歷史；芒德魯說，心態史是人對世界的各種看法的歷史，包括了心智和情感兩個領域；米歇爾・伏維爾則認爲，心態史觸及的是人類精神的各個方面，如習俗、夢幻、言語、時尙等等。

儘管缺少明確的定義，但如果對法國心態史學的主要著作稍加留意，可以發現，「其研究物件主要是歷史上社會群體在社會生活中所共有的觀念和意識，譬如魔鬼的觀念、時間的觀念、金錢的觀念、對性的態度、對死亡的態度。」因此，有學者作出了這樣的大致界定：

> 心態史是一門研究歷史上人們，特別是其中的某一群體或某一集團的心態結構及其演變過程和趨勢的史學分支。它的研究物件主要是這種心態結構的各種表現，即歷

> 史上社會群體在社會生活中所共有的觀念和意識，以及這種觀念和意識與當時現實物質環境之間的關係。[6]

心態史的研究幾乎滲透到了當代法國史學的一切領域，研究成果異常豐富。阿里埃斯在其介紹心態史學的文章中從四個方面的研究實例來闡釋心態的概念，它們分別是稅收、時間、魔鬼觀念和避孕的例子，以下我們依次予以介紹。

首先是稅收的例子。在心態史大師喬治·杜比的名著《戰士與農民》中，有專門一章對可以被放在經濟領域加以研究的徵稅或交換對當時的人具有何種影響和意義進行了研究。杜比把中世紀早期農民的稅收比作一種類似原始社會中的「饋贈」性質的行爲：

> 人們是將稅收作為饋贈「奉獻」給統治者的，人們把這些統治者看作是全體人民和非塵世力量之間的調節人、求情人，是繁榮的保證；土地的肥沃、莊稼的豐收、瘟

疫的結束，全憑他們的允諾。[7]

在十二世紀這種體系逐漸產生了變化，但仍有別於近代市場經濟裏的稅收制度，而是一種「超自然方面的心靈結構」，在「在死亡的彼世和此岸之間建立了一個廣泛、複雜的交換體系」，即便是最窮困的人也會心甘情願地獻出自己微薄的財產。現代人要理解當時人們對財產的觀念，唯有改變自身的習慣，去重新構建當時的心態體系。由於普遍的經濟貧困和生活質量低劣，對當時的人們而言，錢財眞的有如身外之物，「不論是富人還是窮人，都有一種無謂和瘋狂的揮霍習慣」，壓抑的苦痛常常在一些節日和慶典時得到慰藉與釋放。

其次是以時間爲例。時間也許是人類生活中最普遍、最平凡的事物，誰也不會留意身邊轉瞬即逝、匆匆而過的分分秒秒，但時間觀念的變化卻能很好地反映社會心態的轉變。此方面的代表作是勒高夫的一篇重要論文《教會的時間和商人的時間》（1978年），它分析了中世紀人們關於時間觀念的心態變化。從羅馬時代教會創立以來，教會時間都是由教堂的鐘聲來劃分的，即從早晨六點到下午三點，每隔三小時為一段落。這種時間劃分長期以來逐漸固定化，使得農民的勞作都以此為標準形成規律，儘管這種勞動時間並不精確地以按照太陽的出沒來劃分，但在僧侶的時間與農民的時間之間基本上還是和諧的。可是進入中世紀後期，隨著勒高夫提出的「商人的時間」的出現，情況產生了變化。對於商人和手工工人而言，時間是依工作的進行而運作的，是一種「工作的時間」，雖然它最初也借助於教堂的鐘聲，但接著就發生了「一些令人吃驚而又引人注目的變化」：

> 一方面，無論對於商人、雇傭者還是工人，這一時間已不再適合他們的需要了；另一方面，人們還沒有想到可以創立一種更適用的時間（這種時間是在後來才由機械鐘的發明與使用而逐步形成）。這樣，教

> 堂的時間就透過一種妥協而悄悄地作了調整，以便適合勞動者的時間。[8]

到十四世紀，白天以中午十二點爲界被分成上午和下午兩個部分，教會將午禱提前至中午，對於勞動者這也是一天工作中的一段休息時間。我們可以感受到，這就是「心態」及其在歷史中的神奇力量。

第三個例子是魔鬼的觀念。有關巫術魔鬼的觀念一直以來都是中世紀史家所熱衷的課題，透過研究非理性的巫術魔鬼的觀念，可以窺見一個時代的社會心態，而觀念的變化更能凸顯心態的微妙發展。這方面的成功範例來自於芒德魯，他在《十七世紀法國的法官與巫師：一項歷史心理學的分析》（1968年）提出了這樣的問題：

> 在十七世紀初期，對巫術魔法的追究仍然是世俗法律機構的重要任務……；這個由儘可能受到教育的人（但還不是「知識淵博」的人）組成的強大機構毫不猶豫地

（除了少數例外）追捕這些魔鬼的幫兇，追捕這些威脅著人們獲得上帝解救、策劃可怕的墮落陰謀的人……到了十七世紀末，各地的最高法院都已放棄了這一類訴訟，只受理一些指控神甫褻瀆神職、騙子欺世盜名和假善男信女的案件，以及利用公眾的輕信，故作虔誠的行騙者等。一種牢固地建立在幾個世紀以來延續的習慣基礎之上的法律原則，是如何成了問題，遭人非議，在幾十年中最終被拋棄的呢？這個問題值得一提……這裏提到的正是法官（以及被告）們的整個心態世界，因為魔鬼及其幫兇們在日常犯下的罪行，證明塵世間有魔鬼出現……透過這些訴訟程式，我們可以看到，這裏涉及並最終受到質疑的，是他們對某個人、上帝和魔鬼對自然和其他人行使的權力所形成的全部觀念。（……）一句話，不再追究巫術魔法的罪行反映了一種心態結構的解體，這一心態結構曾在好幾個世紀裏是劃分這種不可分割的組成部分。[9]

在此，魔鬼觀念只是一個範例，以此類推，上帝（或神）的觀念、對死亡的態度、對異教徒的態度等等，都可以用心態史的方法加以分析。

最後，阿里埃斯舉了一個避孕的例子。心態史家的研究用一種不同於經濟學家或人口學家的方式對人口資料進行全新的詮釋，顯示了年鑑派史學如何從注重計量、統計資料的人口史逐步向心態史轉化的過程，阿里埃斯本人就曾撰文討論人們在避孕及其他性生活有關的問題上的心態變化。他注意到在十八世紀以前，人口數量的變化完全取決於自然，饑荒、傳染病等引起的高死亡率是限制人口增長的主要因素，婦女懷孕數位的居高不下使得很難人爲地調節人口增長，而且高懷孕率也嚴重影響了婦女的健康，以及導致了較高的夭折率。研究發現，有證據顯示，人們很早就已掌握了一些基本的避孕技術，可以在性行爲中避免受孕、防止生育，但事實上卻鮮有人眞正考慮要採取避孕的措施。

> 然而在十八世紀末和十九世紀初，這些技術至少在法國獲得了廣泛傳播，並達到了全面改變人口運動和改變年齡結構的程度：我們分析人口統計材料可以清楚地看到這些技術的實施和流行。那麼人們是如何使一種舊的人口狀況轉變為一種新的人口狀況的呢？[10]

在阿里埃斯看來，心態的力量在此發揮了作用。因爲心態的變化，人們對性和生育逐漸產生了模糊的認識，開始將這兩者分隔開來，而逐漸接受了避孕的觀念。

透過以上的四個例子，我們看到，心態史研究極大地拓展了歷史學家研究的領域和視野，今天的史學家以一種新的眼光、新的視角重新審視收集過去的文獻資料，它把歷史學家帶進了社會結構的更深層次，即心理層面。

六〇年代以後，注重心態的研究日漸成爲

法國史學的主流趨勢，想像史學、家庭史、兒童史、死亡史、性行爲史、飲食史、服飾史、歷史人類學等等，儘管名目繁多，但在研究方法上都有一個基本的共同點——注重心態的歷史分析。許多早年以研究社會經濟史聞名的歷史學家，也受到這種潮流的影響，在某種「心態」的作用下，不自覺地更弦易張加入了心態史學家的行列之中，最明顯的例子是一度聲稱要固守「地窖」、堅持經濟史研究的歷史學家勒華拉杜里（Emmanuel Le Roy Ladurie）。

1975年，勒華拉杜里出版了一本非常暢銷的史學專著《蒙塔尤：1294-1324年奧克西坦尼的一個山村》（*Montailloue, Village Occitan de 1294à 1324*），在書中他利用當時保存下來的宗教裁判所的審訊記錄和其他檔案，重新勾勒和描繪了十三、十四世紀法國西南部這個叫作蒙塔尤的小山村在幾十年裏的生活環境、風俗習慣和思想狀態。在方法上，勒華拉杜里綜合運用了社會經濟史、歷史人類學以及心態史等多種研究手段，而該書最吸引人的地方就在於：

它用心態史的方法將蒙塔尤村民內心中對現實的種種看法展現在讀者面前，包括了對性、婚姻愛情、家庭、兒童、死亡、時間和空間、自然和命運、巫術、宗教、犯罪等的態度和觀念。正如作者在轉入這方面分析之前所聲明的：

> 我們下面的考察將改變方向，它將更注重層次，更加細緻，涉及個人會少一些。我們將不再從住家和窩棚等領域做面上的考察，而準備向深層探索。在最底層，我們將努力探討一個充斥日常生活的頗有講究的各種舉止。此外，愛情生活、性生活、夫妻生活、家庭生活和人口問題也將是我們關注的問題。最後，我們還要充分利用有關村落、農民和民眾的文化與社交的豐富資料。這裏的「文化」當然是指人類學家所說的總體含義的文化。[11]

伏維爾高度評價了勒華拉杜里在《蒙塔尤》一書中的突破和創新，指出：「今天他對蒙塔尤地區的研究已生動地表明他把握了整幢建築：從地窖到頂樓，即從土地結構到鄉村集體心態中最爲複雜的種種形式。」[12]這一評價同樣也適用於心態史學本身，它說明了心態史發展的趨勢和方向。

第三節　根深葉茂

儘管法國年鑑學派倡導的心態史學也大量地借鑒了社會心理學的理論與方法，但卻與由佛洛伊德開創並在美國進一步發展的心理史學流派不盡相同。箇中原因，値得仔細探討，其中重要的一點是，這與法國史學深厚的傳統有著不可分割的聯繫。

此處，不妨借用法國十九世紀歷史學家米什萊（Jules Michelet）《法國革命史》中的一個例子，來說明精神力量在歷史上的神奇作用，以及法國史學傳統中對心態的重視：法國大革命過去很久以後，一個年輕人問及一位當年參加過「熱月政變」的老人，爲什麼他會贊成處死羅伯斯比爾，老人先是沉默良久，彷彿是在搜索一個合適的字眼，突然，他猛地站了起來，做著激動的手勢喃喃地說道：「羅伯斯比爾……羅伯斯比爾！只要你看見他那雙綠色的眼睛，你也肯定會判他有罪的。」

在歷史研究中關注民族精神和時代精神是法國史學的重要傳統。文藝復興時期的神學史家博絮埃在其《世界通史》中，即已開始強調集體心態在歷史中的作用，將精神歸諸爲神的旨意。到了啓蒙時代，人類精神進步成了歷史研究的主題，伏爾泰（Voltaire）更是首次把人類精神的進步放到了首要地位，認爲他所研究的就是人類精神進步史，他的名著《路易十四時代》和《風俗論》便是旨在揭示一定時代和區域人的精神風貌。因此可以說，伏爾泰是第一位有意識地進行人類精神狀態史研究的歷史學家，他所創立的模式被以後的年鑑學派創始人所繼承發揚，費弗爾在撰寫《拉伯雷的宗教》時就明顯受到了伏爾泰的影響。

十九世紀，以米什萊、基佐（Guizot）爲代表的歷史學家又進一步推動了這方面的研究。比如，米什萊在《法國革命史》的寫作中，就力圖去理解和闡發當時法國人民的精神狀態。伏維爾對此評論道：

> 我們可以合乎情理地說，上個世紀的全部早期科學的法國大革命史就是一種未定型的心態研究。米什萊個人富於幻想的歷史便是沉迷於同一悲劇中或明或暗的兩個角色：一方是英雄，不論正反面，往往是普羅米修斯式的；另一方則是民眾，狂熱而令人不安的群體人物；這種「人民」的真實的或被扭曲的形象，都令人想起它的突然出現。這種直觀的、印象強烈的、激動人心的歷史與我們所說的歷史全然不同。

而進入二十世紀以後，幾乎在同一時期，除了法國年鑑學派以外，歐洲其他國家的一些歷史學家也都開始關注起歷史心態的問題，如比利時的亨利・皮朗（Henry Pirenne）、荷蘭的約翰・赫伊津哈（Johan Huizinga）等。阿里埃斯寫道：「所有這些作者，不管是屬於年鑑學派的，還是年鑑學派外的、處於邊緣狀態的，都承認歷史有其另外一個方面，這個方面與原先的方面不同，原先史學研究的僅僅是指導政治決策、觀念傳播、人的行爲，和事件進程的有意識的、主動的行爲。」[13]例如，當時就有學者對赫伊津哈的歷史研究發表評論說：

> 赫伊津哈只是試圖描述精神狀態、情感動機、渴望、夢想等。在主張經濟者的功利主義理性與崇尚形而上學和宗教者的玄思冥想的理性之間，他選擇了情感和幻想這一非理性的中間地帶。因而他的歷史不是思想史，也不是趣味史，而是感情和感覺的歷史。[14]

無疑，他們對推動心態史學研究的深入具有不可磨滅的貢獻，其理論與實踐被後世廣爲汲取。

除了史學領域的實踐以外，在心理學理論

上，法國心態史學也偏重不同於佛洛伊德精神分析學說的社會心理學。十九世紀末二十世紀初，以古斯塔夫·勒龐爲代表的法國心理學家在集體心理學領域的開拓，爲年鑑派學者提供了有益的專業指導和理論基礎。費弗爾在寫於1938年的《歷史與心理學：一個總的看法》之中，就借鑒了勒龐和另外一位法國心理學家布隆代爾（Charles Blondel）的大量理論觀點，並由此率先提出了將歷史學與心理學相結合，建立「一種眞正的歷史心理學」的主張。於是便有了《國王的奇蹟》、《拉伯雷的宗教》，如巴勒克拉夫所言：「這些研究的原動力無疑是產生於十九、二十世紀之交古斯塔夫·勒龐、格雷厄姆·沃拉斯（G. Wallas）和威廉·麥克杜格爾發表的著作對社會集團行爲、群衆狂熱、集體意識和歷史上非理性力量所進行的研究。」[15]

學術的種子經過代代相傳，終於綻放出美麗的花蕾，結出燦爛的果實。認識到法國史學注重心態研究的根深葉茂的傳統，也就可以理解當代法國心態史勃興的原因，或許其中還有歷史女神的某種心態使然。您說呢？

注釋

1.呂西安・費弗爾，《歷史與心理學：一個總的看法》，王養沖譯，載《現代西方史學流派文選》，田汝康、金重遠選編，上海人民出版社，1982年6月，第一版，第49-64頁。

2.張廣智、陳新，《年鑒學派》，台灣，揚智文化事業股份有限公司，1999年1月，初版。

3.菲利普・阿里埃斯，《心態史學》，載於勒高夫、諾拉、夏蒂埃、勒韋爾主編，《新史學》，姚蒙編譯，上海藝文出版社，1989年8月，第一版，第174頁。

4.雅克・勒高夫，《新史學》，載於勒高夫、諾拉、夏蒂埃、勒韋爾主編，《新史學》，上海藝文出版社，姚蒙編譯，1989年8月，第一版，第31頁。

5.同注3，第270頁。

6.呂一民，《法國心態史學述評》，載《史學理論研究》，1992年，第三期，第140頁。

7.同注2，第182頁。

8.同注2，第184頁。

9.同注2，第185頁。

10.同注2，第187頁。

11.埃馬紐埃爾・勒華拉杜里，《蒙塔尤：1294-1324年奧克西坦尼的一個山村》，許明龍，馬勝利譯，北京，商務印書館，1997年10月，第一版，第194頁。

12.米歇爾・伏維爾，《歷史學和長時段》，載於勒高夫、諾拉、夏蒂埃、勒韋爾主編，姚蒙編譯，《新史學》，上海藝文出版社，1989年8月，第一版，第136頁。

13.同注2，第171頁。

14.Carlo Antoni, *From History to Sociology: The Transition in German Historical Thinking*, Detroit: Wayne State University Press, 1959, p.187.

15.傑弗里・巴勒克拉夫，《當代史學主要趨勢》，楊豫譯，上海藝文出版社，1987年2月，第一版，第104頁。

第五章　路在何方？

現代心理史學在二十世紀即將走完它的最後行程，當人們回首它在二十世紀的歷程時，多為成就與謬誤同存，璀璨與迷茫兼存。成就與璀璨使歷史學家感到鼓舞，謬誤與迷茫使他們感到沮喪，這種矛盾的心情不由令人發問：對於心理史學的未來，究竟路在何方？我們以為，路在前方，路也在歷史學家的足下。

第一節　心理與心態

「psycho-」和「metal」兩個詞細微的詞義

差別，表明心理史學與心態史學之間存在的差異，儘管可以像本書一樣將兩者籠統地歸諸於心理史學的稱謂之下，但它們在學科範疇、研究物件、理論方法和傳播地域等方面都並不相同。伊格爾斯（Georg G. Iggers）在談到兩者的區別時，指出：

> 年鑑學派的心態史與近來美國出現的心理歷史學並不相同，因為心理歷史學基本上是對領袖人物的童年時代、青年時代或壯年時代的心理危機進行分析，卻不重視研究這些危機所發生的社會環境或這些領袖們的追隨者的動機。[1]

以下我們就來逐一審視這兩者的幾個主要不同之處：

首先，它們的來源不同。公認的心理史學的開創者應該是佛洛伊德，心理史學研究的基石便是他所創立的精神分析學說，是佛洛伊德首先用心理分析的方法對歷史人物進行研究分析，用精神分析的鑰匙去打開歷史人物的心理迷津，是他最早實踐完成了心理史學研究的第一部成功範例——《列奧納多·達·芬奇及其對童年的一個回憶》，正是他使人們開始相信「抽象的精神分析理論適用於史學文獻，它是能夠打開過去無意識心理的一種詳盡而又聰明的分析方法。」因此，在定義心理史學時，艾力克森乾脆就認爲；「從根本上講，心理史學就是用精神分析學和歷史學相結合的方法來研究個體和群體的生活。」

而心態史學有其自身產生的基礎，勒高夫指出：「在史學中的集體心理和精神現象的吸引下，呂西安·費弗爾和馬克·布洛赫爲新史學開闢了一個新的研究領域——心態史學。」它植根於法國史學悠久的歷史積澱和傳統，在理論則偏重於集體心理學或社會心理學。

其次，研究的物件和範疇不同。由於精神分析理論主要是一種個性心理學，因此傳統的心理史學研究主要以心理傳記爲主，往往聚焦於一些在歷史上產生過重要影響和作用的精英人物。儘管最近的研究已逐漸地在群體史方面有所突破，但在理論上依舊根深蒂固地建立在佛洛伊德個人心理學的基礎上，因而受到了許多學者激烈地批評：

> 直到目前為止，美國心理歷史學家仍然緊緊抓住佛洛伊德的自我發生理論和個性形成的理論，並運用它來解釋所有共同的現象。除了那些衝突和勉強的協調外，這種理論排斥了個人和社會之間的聯繫。文化的特點及文化的特殊問題都無關緊要。事實上，由於常態行為指的是「符合社會規範」，所以精神分析學說提倡常態行為應該適應任何類型的社會制度。除了撰寫心理傳記和接受偉大理論的新觀點（說明個別偉大人物實際上「確實是這樣」）外，心理歷史學家已沒有什麼別的可選擇的餘地了。[2]

暫時我們並不急於對心理史學的優劣加以評判（在下一節中將對此予以詳細討論），但以上的批評至少在一定程度上反映了心理史學在研究物件和範疇中的特點。而年鑑學派的歷史學家在一開始就將眼光從個人轉向集體，用集體無意識來取代或壓倒佛洛伊德所說的個人的無意識。阿里埃斯對心態史學研究物件和所謂「集體無意識」這樣解釋道：

> 集體的，是指某個時刻整個社會人人都有的。沒有意識，是說有的東西很少或絲毫未曾被當時的人們所意識，因為這些東西是理所當然的，是自然的永恒內容的一部分，是被人接受了的或虛無縹緲的觀念，是一些老生常談、禮儀和道德規範，要遵循的慣例或禁條，公認的必須採用的或不准使用的感情和幻想的表達方式。史學家使用「心態結構」、「世界觀」等詞語以指明心理整體的一系列嚴密相關的特徵，這一心理整體是在當時的人們沒有察覺的情況下強加給他們的。今天的人能夠使以前埋藏在群體記憶深處的情感浮現到意識的表層來，這是今天的人日益感到的一種需

要。這就是人們對所有無以名之的智慧進行的深層研究：這些智慧並不是超越時間的抽象智慧或真理，而是各種經驗的智慧；它們調節著人類群體與每個個人、自然、生命、死亡、上帝以及彼岸世界的緊密關係。[3]

第三，兩者傳播的地區範圍不一樣，這是一個最明顯也是較為模糊的特點。心理史學與心態史學的兩個最主要的陣地分別是美國和法國，兩者似乎是在獨立的範圍內各自發展起來的，成為現時當代西方史壇一種特有的史學景觀。對此，伊格爾斯指出：

實際上，佛洛伊德的方法和概念對歐洲心態史的直接影響微乎其微（心理歷史學幾乎只是美國的特有現象，直至今日，它與現代心態史的趨勢背道而馳，集中注意出類拔萃的個人而沒能建立這些個人與其社會環境之間的聯繫）。[4]

當然這種情況也僅是相對而言，雙方還有著互相的滲透和借鑒。勒高夫講道，由於「人們對心理分析學的興趣，並由此產生了心理分析史學。這一學科在盎格魯一撒克遜人的國家裏比在法國更加發達，然而在法國，米歇爾·德·塞爾都及阿蘭·貝桑松也分別從各不相同的途徑進行了一些發人深省的探討。」[5]同樣，在美國和其他國家也有一些歷史學家熱衷於心態史的研究，如美國的女歷史學家納塔莉·戴維斯（Natalie Z. Davis）、義大利的卡洛·金斯伯格（Carlo Ginzburg）等。

當然，這種相對的地域區分也有其歷史淵源。一方面是雙方不同是史學傳統；另一方面是特定的社會條件和學術發展使然，在美國，由於戰後「許多歐洲著名的佛洛伊德學派心理學家都離開本國定居美國，激進的個人主義迅速彌漫於美國社會，越南戰爭和水門事件使所有的集團都主張個人主義，並對所有的權威產生懷疑，這樣的情緒促使人們去尋找『眞正的隱藏的』原因。有一些歷史學家認爲，進行心理研究，特別是進行精神分析，是解釋歷史的新工具。」[6]在法國也有類似的情形發生，1968年的「五月風暴」本身就是一種反抗權威追求個性的表現，同時心態史也是對當時法國史壇社會經濟史一統天下的矯枉過正。

無論是心理還是心態的研究，都將歷史的觀察深入到無法直接探知的精神和心理層面，解釋人們的動機、情感及其細微的變化。無論是在美國抑或是法國，心理（態）史學的崛起打開了通向歷史深層的心靈之窗，爲歷史學開啓了別開生面的新領域，在這一點上，兩者是共通的。

第二節　退縮的歷史

1982年，美國夏威夷大學歷史學教授大衛·斯坦納德發表了一部被譽爲是「敲響了心理史學喪鐘」的著作——《退縮的歷史：論佛洛伊德及心理史學的破產》。在這本篇幅不長的小冊子中，斯坦納德對心理史學進行了系統尖銳的批判，產生了極爲廣泛的影響，引發了一場關於心理史學的大討論。

斯坦納德將心理史學存在的問題歸納爲四個方面：論據問題、邏輯問題、理論問題和文化問題。首先，心理史學在史料的選擇和使用上，缺少歷史研究所必須的批判精神和考證求實，甚至常常以小說創作的方法來「塡補」歷史記載中的「空白」，論據缺乏基本的眞實性。其次，邏輯問題是心理史學失敗的核心，它在分析中違反了一條最根本的邏輯原則：

> 「在此之後，因此」是指基於下述假定之上的錯誤：如果乙事件在甲事件之後，那麼甲事件就一定是乙事件在甲事件之後，那麼甲事件就一定是乙事件發生的原因。這是所有史學著述中極為常見的錯誤。但自佛洛伊德以來，它來了個莫名其妙的新轉變：現在不再有必要在史學上確立甲的存在。既然乙經心理分析後被斷定為甲之結

> 果。一旦被確定，那麼（透過推測），甲尚待證明的存在，即乙存在的原因便昭然若揭：它因為有甲而存在——哪怕絲毫沒有甲真正存在過的證據！[7]

第三，精神分析法作爲心理史學的基本理論，一直被視爲解開心理迷津的一把鑰匙，但其科學性卻並不完善，佛洛伊德在對達·芬奇童年經歷的分析中的許多理論也僅僅是依賴於同性戀起因的假設而來，沒有經過臨床實驗的證實和評估，因此有著很大的不確定性。然而今天的心理史家們仍然在使用那些「好則未經證實的、差則無法證實的假設」來進行分析推斷。

第四，對於傳統歷史學家來說，文化背景是基本的常識，瞭解社會、文化背景是史學著作的基本和首要的任務之一，但在多數心理史學著作中它卻被一再忽視。

透過對心理史學中存在問題的逐一檢討，斯坦納德最後尖銳地批評和總結道：

> 我們都已看到，從最初力圖創造心理史學著作開始直至當今，那些自詡為心理史學家的人的著作中都一致具有這些特徵：對事實的傲慢態度；對邏輯的恣意扭曲；對理論效力的不負責任以及在文化差異性上的近視和犯有時代錯誤。……
>
> 總而言之，心理史學無視歷史。這是它最根本的錯誤。……
>
> 心理史學沒有，也不可能有任何建樹。在一切雄辯姿態背後，精神分析的歷史研究法實際卻是——無可救藥地——邏輯上荒謬、科學上不健全、文化上天真無知。[8]

在此，斯坦納德將心理史學批駁得近乎一無是處，甚至應予徹底地捨棄，言辭不無激烈，但在一定程度上的確是切中要害，一針見血地指出了心理史學客觀上的不足所在。除此之外，許多學者都從不同角度對心理史學提出過批評的意見，分析心理史學的得失成敗。

巴勒克拉夫也認爲，「心理學和心理分析學向歷史學家提供的，與其說是新的技術手段，倒不如說是促進他們用新的眼光去看待歷史環境」，他說：

> 至少在心理學知識水平的當前階段上，心理學能夠為歷史學作出的貢獻僅限於一個相當狹窄的範圍。……心理分析學補充了歷史學研究中的其他解釋，而不是取代這些解釋。從方法論方面來說，一致的看法是必須謹慎對待確立這樣一個原則：只要有其他令人信服的解釋（例如經濟學的解釋）就沒有必要借助於心理學的解釋。[9]

托馬斯・科胡特（Thomas A. Kohut）也承認，由於心理史學自身的局限性，導致了有些嚴重的問題，如：「過多的著作失之膚淺，甚至不負責任，大大低於慣常要求於歷史學專業的學術水平。某些著作——即使出自認眞負責的研究者之手——是簡單化的，沒能充分說明時間和地點的差異，同時還是非歷史的。」[10]

布雷塞奇則在指出心理史學不足之處的同時，客觀地承認了它在某些研究領域中的作用和積極意義。他說：「心理歷史學儘管還存在著一些重大的理論問題，但已經發揮了作用，特別是在思想史領域。當代的人們感到心理歷史學作出的一套解釋十分適合他們的研究意趣，有一些人甚至期望心理歷史學在人類的新的解放中能發揮更大的作用。」[11]

面對甚囂塵上的批評之聲，面對分歧不一的種種反應，美國心理史家泰瑞・安德森（Terry H. Anderson）提出了「正確評價心理歷史學」的問題。他認爲人們對心理史學有三種基本的反應：讚許、冷淡和蔑視，而冷淡和批評的意見要多於讚揚。「這種非熱情的反應是由兩個原因所造成的：許多歷史學家和其他學者不瞭解心理學家用以解釋行爲的方法，因此他們無法對心理歷史學的得失作出評價；其次，心理歷史學家常常違反心理學和史學的原則，從而降低了它們方法論的價值。」[12]心理史學的出路究竟何在，在新世紀裏，它又將會有怎樣的發展，這些問題將留待下節繼續討論，我們先來分析一下心態史學的作用及其存在的問題。

此處，不妨借用大陸學者呂一民對心態史學的評價，以資說明。

他指出，心態史學對推動年鑑——新史學派的進一步發展，確保其在當代法國史學的主導地位起了重要作用，這主要表現在四個方面：「第一、開闢了史學研究的新領域，更新了人們對史料的認識；第二、深化了社會史的研究；第三、爲跨學科研究、特別是計量方法提供了理想的用武之地；第四、擴大了年鑑——新史學派在公眾中的影響。」[13]

這四個方面具體的指出：

心態史的勃興打破了年鑑學派第二代偏重社會經濟史研究的陳舊格局，繼承了年鑑派創始人進行總體史、整體史研究的初衷。對人類精神活動歷史的研究，大大拓展了歷史學家的領地和視野，史學的領域擴大至舊有的界限以外，一切與人類精神狀態有關的事物都可作爲心態史的研究物件，一切資料都可爲心態史所用，而舊有的史學領域又被用新的眼光重新開拓和發掘。

心態史與社會史的關係並非是格格不入的，心態史學的開拓是對法國史學中社會文化史傳統的一種補充和發展。越來越多的歷史學家認識到，精神也是影響社會發展的重要因素，外在物質世界與內在精神世界的結合使社會史研究更爲全面和深化，前文例舉的勒華拉杜里的《蒙塔尤》一書即爲此類研究獲得的成果。

跨學科研究是年鑑學派，也是當代史學的一個主要趨勢，這就要求心態史必須與一些相關學科交叉和滲透，這些學科包括社會學、社會心理學、文化人類學、宗教人類學、語言學、考古學、經濟學、人口學等。尤其値得一提的是，計量史學方法在心態史研究中的突出作用，計量方法透過對一些指標的量化可以精確地描述和揭示事物在一定範圍或時間內的發展變化及其規律，這是對心態史注重描述性分析敘述的完善與補充，以此來勾勒和展現社會精神狀態的發展趨勢。

年鑑學派在以布羅代爾爲核心的第二階段聲名鵲起、威望劇增，不僅牢牢占據了法國史壇的主導地位，而且影響波及國際史學界。但這種影響畢竟僅限於學術界。究其原因，是因爲它在由敘述史學向問題史學轉型的過程中，嚴重忽視了史學著作的可讀性問題，一味追求科學準確的研究方法，許多重要著作都是滿紙充斥著各種深奧難解的術語和五花八門的數學公式、統計數位和表格曲線等，令人難以卒讀。而心態史學則恰恰相反：一方面它滿足了現代人懷古追昔、探究古人意識的獵奇心理；另一方面，心態史的出現標誌著法國年鑑學派研究重點的轉移，即由社會經濟史轉向社會文化史，後者在題材上對一般讀者就具有較大的親和力，易於引起興趣和共鳴。因此，心態史也是八〇年代後以「敘事史復興」爲標誌的現當代西方史學最新發展的一個重要表現。

任何事物都是正反相成，在肯定心態史學

發展的同時，也可以看到它所暴露出的問題與局限性，一般說來，它大體表現在三個方面：「其一，過分強調心態的地位和作用；其二，熱衷於研究某一歷史時期的共同心態，往往只看到心態的時代性，而對其階級性等方面注意不夠；其三，總體性、綜合性的研究日趨減少，『史學碎化』的現象愈益突出。」[14]

這三方面的問題，主要是一個正確認識心態及其在整個史學研究中的地位問題。心態史的興起糾正了第二代年鑑學者一味注重地理氣候環境、社會經濟結構的偏差，但又使一部分研究者從一個極端走向了另一個極端，過分提高和誇大了心態結構地位與作用，忘記了心態及其演變只是決定社會歷史發展的諸多因素之一。此外，人類的精神狀態因時間和空間而不同，社會等級、貧富差異、年齡結構、宗教信仰、文化背景等因素都對一個時代人們社會心態的形成具有影響。然而，於注重共性的同時兼及差異卻是許多心態史研究所欠缺的。「史學碎化」現象是新史學帶來的一個主要問題，在心態史研究中也出現了此種問題，諸如飲食、起居、服飾、舉止、禮儀、性行爲等大量的個案研究，微觀分析成爲心態史學的主流，課題瑣碎、細小，儘管研究日益深入，但似乎與總體史的目標卻越來越相背離了。

第三節 新的期盼

歷史研究的視線雖然停留在過去，但它的希望卻在未來。因此，隨著時間跨入新的紀元，二十一世紀的歷史學、二十一世紀的心理史學將向何處去，便被提上史學研究者的議事日程。

新世紀的開端也許只是翻過新的一頁日曆，但對於人的心態而言，卻具有極其重要的意義，它意味著又一次的開始，每天人們總是滿懷希望去迎接黎明的曙光，何況對新世紀新千年的來臨，這種憧憬之情自然更爲強烈。對於心理史學的未來，我們也有著這樣的期待和企盼。

儘管心理史學存在著這樣或那樣的缺陷和不足，但應該看到，這些失誤的產生並非完全如一些批評者認爲的那樣，必然地源於心理學本身的局限性，更多的是由心理史家所採用的研究方法所造成的，心理史學仍然應成爲傳統史學方法的一種補充。一般史學與心理史學之間的界限並非是涇渭分明、格格不入的，心理史學的存在也是絕對有其必要性的。正如科胡特所指出的：

> 一般史學通往心理史學的橋樑並不像某些心理史學的批評者和某些心理史學家所想像的那樣難以跨過。歷史家和精神分析學者處理他們所研究的人類物件的方式基本相同，他們又具有共同的理解和解釋問題的方法，因此以歷史家慣常應用的方法便可探知過去歷史的心理側面，因此心理歷史也可以寫成一般的歷史。應用傳統的史學方法，配之以對人類心理的敏感，能夠

> 產生，事實上已經產生了符合歷史學標準的研究著作，其中有的著作出自不自覺地跨過通往心理史學之橋的歷史家之手。因此，雖然對某些心理史學著作和這些著作的心理史學方法的批評是正確的，但某些批評者認為應當放棄理解過去歷史中的心理方面的努力，這個結論是不正確的。心理因素是歷史研究的正當內容，是歷史家能夠加以探究的人類過去的最重要的一個方面。[15]

誠如斯言，承認心理因素在歷史研究中的作用應當成爲心理史學未來發展的首要前提，而「應用傳統的史學方法，配之以對人類心理的敏感」的做法，是心理史學乃至一般史學的基本研究方法。

心理史學經過二十世紀五〇和六〇年代的勃興，七〇、八〇年代的懷疑與反思，在九〇年代以後開始逐漸調整，進入了新的發展階段。對於今天的心理史家來說，正在迎來新時期的曙光，歷史學界多年來對他們的「野蠻」攻擊已經平息，他們至少得到了友善的寬容和接納，其中甚至還有許多眞摯的同情和支援。因此，一些學者深信，「心理史學必定是在證實其本身的價值，此價值只能隨時間的前進而增加」。

百年來西方史學的發展特徵便是：不斷吸收和引入其他領域的概念和方法，並將其運用於歷史學的敘述和分析中。現代科學心理學與歷史學的結合、心理史學的興起與這一趨勢並行不悖。前期的心理史學研究主要依賴於佛洛伊德的精神分析學而展開，雖然取得了豐碩的成果，它最重要的成就就是證明：人類發展的動力和目的在不同程度上是無意識的，在歷史的深層還隱含著一個未曾被充分發掘的心理層面。但與此同時它也暴露出許多局限性和不足之處，精神分析理論並不是放之四海而皆準的眞理。

因此，近年來精神分析學以外的心理學理論在心理史學研究中發揮了越來越重要的作用，這成爲心理史學的一個新的趨勢。現代心理學流派眾多，佛洛伊德學說僅是其中一家之言，其他心理學派也對史學有所滲透，影響到心理史學的發展，這裏主要指的是與精神分析學說完全對立的行爲主義心理學和新興的認知心理學等。其理論、學說此處不待贅敘，它們與精神分析學說各有所擅，對於心理史學的作用也各有短長利弊。然而，非精神分析心理史學的逐漸興起，對被精神分析學說把持的心理史學來說，是極爲有益的補充和完善，對心理史學方法和理論的建設具有積極的意義。

例如，美國非精神分析心理史學家哈維·阿謝爾（Harvey Asher）用行爲主義心理學的方法分析心理史學的熱點問題——希特勒和納粹在德國的統治，於1979年在《心理史學評論》雜誌上發表了〈非精神分析方法對民族社會主義的探討〉（'Non-Psychoanalytic Approaches to National Socialism'）一文。他否定了少部分人的病態偏執狂心理在無意識中迎合了人民的願望，以及在德國專制主義傳統影響下的社會信仰、態度和價值觀最終導致集體極端行為的解釋；運用行為主義的社會學習論、關於集體壓力作用和服從權威的理論，強調外部條件作用對人們行為的影響。儘管其理論、方法的可行性尚有值得商榷之處，但這無疑是對歷史心理分析的大膽嘗試和探索，必然有利於心理史學的進一步發展。

除了吸納非精神分析的其他心理學理論之外，心理史學走向多學科綜合研究的趨勢也是一個可喜的現象，前文中洛溫伯格對納粹青年追隨者的心理史學分析即為此類例證之一。因此，舍恩沃爾德提出了一個新的心理史學概念的定義：「歷史的心理研究就是要用來自心理學和社會科學的某些觀念、方法和研究成果研究過去。」尤其是在對群體歷史的討論中，其他社會科學為心理史學提供了有力的武器，心理史學家只要有耐心，遲早會找到把研究個體行為的心理學知識和研究群體活動的社會科學結論融為一體的方法。

那樣，心理史學作為歷史研究的一種新方

法，將歷史學分析同社會科學的範型、人文學者的敏感、心理動力的理論及臨床研究的實證相結合，可以形成關於過去歷史的更爲完滿的觀念和認識，這也許會是心理史學未來發展的一條終極之路。對此，我們將拭目以待。

注釋

1.伊格爾斯，《歐洲史學新方向》，趙世玲、趙世瑜譯，北京，華夏出版社，1989年3月，第一版，第74頁。

2.布雷塞奇，《心理歷史學》，廣勇譯，載《現代外國哲學社會科學文摘》，1986年，第二期，第41頁。

3.菲利普·阿里埃斯，《心態史學》，載勒高夫、諾拉、夏蒂埃、勒韋爾主編，《新史學》，姚蒙編譯，上海藝文出版社，1989年8月，第一版，第195-196頁。

4.同注1，第205-206頁。

5.大衛·斯坦納德，《退縮的歷史：論佛洛伊德及心理史學的破產》，馮關、關穎譯，杭州，浙江人民出版社，1989年7月，第一版，第30頁。

6.雅克·勒高夫，《新史學》，載勒高夫、諾拉、夏蒂埃、勒韋爾主編，《新史學》，姚蒙編譯，上海藝文出版社，1989年8月，第一版，第41頁。

7.同注5，第45-46頁。

8.同注5，第209、215、223頁。

9.傑弗里·巴勒克拉夫，《當代史學主要趨勢》，楊豫譯，上海藝文出版社，1987年2月，第一版，第111-112頁。

10.托馬斯·A·科胡特，《心理史學與一般史學》，羅鳳儀譯，載《史學理論》，1987年，第二期，第141頁。

11.同注2，第42頁。

12.安德森，《正確評價心理歷史學》，北詳譯，載《外國哲學社會科學文摘》，1983年，第九期，第20頁。

13.呂一民，《法國心態史學述評》，載《史學理論研究》，1992年，第三期，第144-146頁。

14.同注12，第147-148頁。

15.同注10，第141頁。

第六章
銅山西崩　洛鐘東響

近世以降，西學東漸，歐風美雨，糾扭重疊，其間中西史學文化之間的交往與政治的、經濟的關係一樣，亦如潮起潮落，幾多沉浮，幾多艱辛。百年來，包括心理史學在內的西方史學文化，猶如八月十八的錢江大潮，向我們奔馳而來。山崩鐘應，我們唯有接受挑戰，經受考驗，方有可能把這種外力轉化爲中國史學革新的一種動力。

第一節　西書中譯

史書記載，三國魏時，一日殿前大鐘無故大鳴，有人去問張華，張華曰：「此蜀郡銅山崩，故鐘鳴應之耳。」後人就用「山崩鐘應」來比喻事物之相互交流、相互影響與相互感應，故文學家柯靈留有這樣的文字：「歷史交織百代，世界牽連一片，銅山西崩，洛鐘東響，南半球患感冒，北半球就打噴嚏。」此眞乃妙語也，寥寥數語，柯靈活用典故，把學術文化之間的互通、互介、互學、互訪寫神了。本章借用這個成語，以述介西方心理史學之東來及其在中國所激起的迴響，兼及心理史學的「母體」——心理學，特別是中國的心理學在西方所產生的影響。在我們看來，沒有西方「母體」心理學的積極引進，就說不上有她的「子體」心理史學在中國的繁衍。

本節先述中國學人在譯介西方心理史學方面的情況。

當二十世紀的曙光初照時，中國學界就透過東鄰日本學者的著作，略知心理學可有助於歷史研究的識見。光緒二十九年，即1903年，李浩生翻譯日本早稻田大學教授浮田和民的《史學通論》，為國人傳來西說，在該書中，浮田和民指出：「個人心理學成立，併社會心理學亦成立，則歷史成爲完全科學也。」此時與佛洛伊德的名著《夢的解析》的問世之日（1900年），只不過相差三年。1907年，王國維又翻譯了霍夫丁的《心理學概論》一書。

其後，留美的何炳松於1916年歸國，致力於輸入西方治史方法，並著手翻譯魯濱遜的《新史學》。何氏譯本《新史學》於1924年由商務印書館推出，成爲「吾國史學界所譯有關西洋史學理論及方法論之第一部著作，歷史意義至爲重大。」商務印書館在史學新書介紹中說，該書「凡所論列，頗足爲我國史學界之指導。」確是這樣，在魯濱遜看來，歷史學家要使歷史成爲科學，不僅要依靠自然科學，也應該依靠心理學，依靠社會心理學，這一點我們在前面已有論及。在現代西方史學史上，魯濱遜也許是最早認識到歷史學要與心理學「結盟」的歷史學家了。

魯濱遜的弟子繼其志，在倡導歷史學與心理學相結合的工作中做得更爲出色。1919年，魯氏門生巴恩斯在《美國心理學雜誌》上發表〈心理學與史學〉一文，進一步闡發了心理學對歷史研究的影響。巴恩斯對歷史學的跨學科研究更有宏著，他的《新史學與社會科學》（1925年英文版）經董之學翻譯，由商務印書館於1933年出版中譯本。全書綜論歷史學與地理學、心理學、人類學、社會學、經濟學、政治學、論理學等學科的交叉融匯，中譯本共588頁，其中專論心理學與史學的部分就有185頁，可見巴恩斯重視歷史學與心理學的結合。他在這一部分最後預見：「吾人相信一百年後，佛洛伊德與其信徒所創出之心理系統，將被視爲史家之一種工具，史家之欲成功，則必須利用之。」[1]他說這話的時候是在1925年，那時他就對心理史學的前景作出了這種很有信心的預測，其前景究竟如何，我們將拭目以待。

在二〇年代，蔡斯翻譯佛洛伊德在美國的演講集《精神分析的起源和發展》，在當時上海商務印書館出版的《教育雜誌》上發表。這是佛洛伊德的精神分析理論第一次比較系統地被介紹給國人。

在三〇年代，高覺敷翻譯佛洛伊德的名著《精神分析引論》，於1930年由商務印書館出版。此書經修訂，於1984年11月由同一出版單位重印面世。

在大陸學界，從二十世紀五〇年代開始，由於心理學被戴上「資產階級的偽科學」的帽子，迄至七〇年代末，譯介西方心理學作品的工作被迫中止。直至八〇年代，隨著大陸的改革開放政策的實施，心理史學的「母體」──心理學的譯介工作勃興，如作者所見，就有遼寧人民出版社推出的「心理學叢書」、浙江教育出版社的「二十世紀心理學通覽」等。此外，如前面所引用的美國學者黎黑的《心理學史：心理學思想的主要趨勢》等類作品所見也不少，尤其是八〇年代初隨著「佛洛伊德熱」在大陸流行，佛洛伊德等人的作品被廣泛譯成中文，曾經風行一時。

關於評論心理史學的直接論著，就我們視野所及，其重要的的翻譯成果有：

美國學者大衛·斯坦納德：《退縮的歷史：論佛洛伊德及心理史學的破產》，馮鋼等譯，浙江人民出版社1989年7月第一版。這是一本對佛洛伊德的心理史學進行尖銳批評的作品。

法國學者C·克萊芒、P·布諾德和L·塞弗合著《馬克思主義對心理分析學說的批評》，金初高從俄譯本轉譯，商務印書館1985年9月第一版。此書的學術背景是，七〇年代以來，法國的馬克思主義思想界以巴黎的「馬克思主義研究中心」和《思想》周刊、《新評論》月刊所組織的一些研究小組爲中心，對佛洛伊德心理分析學說展開了一場較爲深入的批判，該書即爲現當代法國馬克思主義思想界對佛洛伊德的心理分析學說進行嚴肅的學術批判而作出的一份學術總結。

美國心理史學家勞埃德·德莫斯：《人格與心理潛影》，沈莉等譯，上海人民出版社1989年9月第一版。德莫斯乃美國《童年史季刊：心理歷史學雜誌》季刊主編，既受過心理分析訓練，又精通歷史各門專業，他為美國心理史學的拓展作出了貢獻，此書中譯本出版後，國內學人引用率甚高。

一些很重要的心理史學譯文的發表，也為大陸學人的心理史學研究提供了條件，常為人引用的約有：

1.美國蘭格：《下一個任務》，載《美國歷史協會主席演說集》（1949～1960年），何新等譯，商務印書館，1963年4月第一版。
2.美國奧托·弗蘭茨：《俾斯麥心理分析初探》，金重遠譯，載田汝康等編，《現代西方史學流派文選》，1982年6月第一版。
3.美國托馬斯·科胡特：《心理史學與一般

史學》，羅鳳禮譯，載《史學理論》1987年第二期。

4.美國理查德・舍恩沃爾德：《對歷史的心理學研究》，姜躍生等譯，載《史學理論》1987年第二期。

5.美國彼得・烈文貝格（洛溫伯格）：《1938年納粹導演的「水晶之夜」》，杜文棠譯，載《史學理論》1988年第二期。

6.美國彼得・洛溫伯格：《納粹青年追隨者的心理歷史淵源》，張同濟譯，載《史學理論研究》，1996年第三、四期。

從總的看來，在這方面的譯事成績還是微不足道的。不過，需要說明的是，由於現代交通便利，資訊發達，文獻流傳更快速了，中國的心理史學研究者可以更多地直接運用西文資料，而不必一味依賴翻譯作品了，更不必說，在當今時代，學人還可以透過網路檢索到他們所需要的材料，如此更是自由而便捷了。但是，儘管如此，譯事工作仍不可廢，昔日梁啓超曾言：「今日中國欲爲自強，第一策，當以譯書爲第一義。」[2]梁氏之論不僅於今日中國之自強，而且於包括心理史學在內的西方史學的輸入，仍是醒世之語，似未過時也。

當然，輸入西方心理學新論，不必說在晚近二十年來，即使在二十世紀三〇年代，也可以透過西方學者直接來華講學或傳授來實現，事實上也不乏有這樣的先例。例如，奧地利籍猶太人范尼・吉澤拉・哈爾彭（Fanny Gisela Halpern，漢名韓芬），畢業於維也納大學，是佛洛伊德的學生。1933年，她應國立上海醫學院之聘來上海任教，開設精神學等相關課程達十餘年，直接將精神分析學說系統地介紹到中國。[3]

第二節　東方回應

時代變遷，西說東傳，於此對東方學者治學產生了或間接或直接的影響。對於歷史研究中，運用心理分析，前賢梁啓超就作出過榜樣。他於1918年冬至1920年春，曾漫遊歐洲並訪學，歸國後梁氏於1921年在南開大學講授中國歷史研究法，提出要探求歷史的因果關係，則需探求該一時代的社會心理的狀況，這一點從他的《中國歷史研究法》一書中可知概況。先輩史家李大釗也在二〇年代的作品《史學要論》中，倡導史學的研究應借助包括心理學在內的其他諸多學科的成果。

在二十世紀前期，學界在爭論中國民族性的問題時，如陳獨秀、魯迅、林語堂等人都有很精闢而警世的言論，筆鋒犀利，並且深入到民族的深層心理結構，對此擬不另作詳述。

在二十世紀的前期，對西方心理學說作出積極迴響的著作是朱光潛的《變態心理學派別》。此書是1930年開明書店出版，歷經七十餘年，至新世紀來臨之際，被收入《商務印書館文庫》重版。需帶一筆的是，《商務印書館文庫》是與著名的《漢譯世界學術名著》相比肩的，旨在精心遴選國人原創性的學術作品，提升中國學術水平。如今國人介紹現當代西方心理學說之作甚多，但朱光潛的《變態心理學派別》在今天看來仍有不滅的學術意義。

朱光潛是現代著名美學家，他在譯介西方美學理論方面成績卓著，功不可沒，在此不容評議。不僅如此，朱光潛對把西方心理學說介紹到中國貢獻亦多。他是第一個為中國讀者介紹佛洛伊德精神分析學說的，我們只要查閱一下當時出版的《東方雜誌》、《留英學報》便可知曉了。

研究隱意識和潛意識的心理學，通常叫做「變態心理學」（Abnormal psychology）。朱光潛認為，嚴格說來，這個名詞並不精確，傳統心理學只研究意識現象，而意識不能察覺的現象則稱之為「變態」，這自然是不精確的。朱光潛還指出，其實對變態心理現象的研究由來已久，亞里斯多德在《詩學》中論及悲劇的功效，曾說到哀憐和恐懼兩種情緒可因發洩而淨化，亞里斯多德的「淨化」和佛洛伊德的「昇華」就很相似。近代德國哲學家如萊布尼茲

（Leibnitz）、叔本華（Schoupenhauer）以及尼采（Nietzsche）等人對於佛洛伊德精神分析學派心理學說早已開其先河了。

《變態心理學派別》主要介紹了近代西方心理學的主要思潮。朱光潛認爲，近代西方變態心理學有兩大潮流：

其一，發源於法國，流衍爲「巴黎派」和「浪賽派」，後「浪賽派」又發展爲「新浪賽派」。

所謂「巴黎派」即爲巴黎的沙白屈哀醫院（La Salpêtriè）爲大本營，所以稱沙白屈哀派，亦稱巴黎派，這派最大的領袖是夏柯（一譯柴柯，Charcot）[4]。夏氏門下出了兩位著名的弟子，一爲耶勒（一譯莊納，Janet），乃現代法國心理學之泰斗，另一個門生就是後來蜚聲世界的佛洛德（一譯佛洛伊德）。

所謂的「浪賽派」（一譯南錫派，Nancy School）即以浪賽大學和醫院爲中心，所以得名浪賽派，這派最大的領袖爲般含（一譯柏南，Bernheim）。

兩派雖各樹一幟，但卻有以下一些共同點：

1.他們都看重潛意識現象。
2.他們都用觀念的「分裂作用」來解釋心理的變態。
3.他們都應用催眠或暗示爲變態心理的治療法。

其二，發源於奧地利與瑞士，在奧地利稱之爲「維也納學派」，以佛洛德爲宗，在瑞士稱之爲「柔芮西派」（一譯蘇黎士學派，Zurich School），以融恩（一譯榮格，Jung）爲宗。另有阿德勒（Adler）受學於佛洛德，本爲「維也納學派」成員，後因意見不合而自立門戶，一般稱之爲「個別心理學派」。

1929年高覺敷（即前述在三〇年代最早翻譯佛洛伊德的《精神分析引論》的那位學者）爲朱光潛的《變態心理學派別》作序，稱此書對變態心理學派別的敘述採取了「不偏不倚的態度」。通觀全書，高氏之論確非虛言。不過，朱光潛在這種貌似客觀的筆法後面，也有臧否褒貶，如他在敘述維也納學派與柔芮西派的爭執時，這樣寫道：「我們讀佛洛德自著的《心理分析運動史》，不禁起一種不大愜意的感想，這般心理分析學的先驅，談到誰在先發表某個主張，誰是正宗，誰是叛逆時，互相傾軋忌妒，比村婦還要潑惡。這是科學史上少有的現象。」[5]朱氏文字直率而不失風趣，批評尖銳而不失幽默，其在三〇年代的寫作風格可見一斑。

此外，潘光旦在翻譯英國心理學家靄理士的《性心理學》一書時，在注釋中泛論中國古代社會的變態行爲，這應是現代中國學者用西方心理學理論研究中國古史中的變態行爲的作品，已遠遠超出譯作的範疇了。大體與此同時，另有心理學家張耀翔在研究心理變態問題時寫有〈中國歷史名人變態行爲考〉等文，林傳鼎寫有〈唐宋以來三十四個歷史人物心理特質的估計〉一文。至於歷史學家借用心理學的理論來研究歷史，那時似乎還不成氣候。

歷史學家借用現代西方心理學的理論與方法運用於歷史研究，那是要等到二十世紀八〇年代之後。

大陸的改革開放政策，猶如春風化雨，爲學術研究創造了很有利的寬鬆的環境，也爲西學的引入提供了外部條件。綜合這一時期心理史學的引入，是在「佛洛伊德熱」的推動下行進的。所以，先有對佛洛伊德精神分析學說的一般性的介紹，繼之就有大量的探討心理史學的文章發表，各抒己見，亦有爭論。這裏就其一些主要的論文，羅列如下：

1.蔡雁生：《創立「歷史心理學」芻議》，載《華南師範大學學報》，1983年第二期。
2.辛敬良：《社會心理與唯物史觀》，載《復旦學報》，1984年第二期。
3.莫世雄：《護國運動時期商人心理研究》，載《歷史研究》，1986年第四期。
4.馬敏：《中國近代商人心理結構初探》，

載《中國社會科學》，1986年第五期。

5.周義堡：《史學研究應重視社會心理分析》，載《安徽史學》，1987年第二期。

6.李桂海：《對中國封建社會農民起義口號的心理分析》，載《爭鳴》，1987年第三期。

7.吳達德：《歷史人物研究與心理分析》，載《雲南社會科學》，1987年第六期。

8.鄒兆辰、郭怡虹：《略論我國心理歷史學的建設》，載《歷史研究方法論集》，河南人民出版社1987年版。

9.鄒兆辰、郭怡虹：《西方心理學的理論與方法簡析》，載《世界歷史》，1987年第四期。

10.陳鋒：《論心理分析在歷史研究中的應用》，載《江漢論壇》，1988年第一期。

11.胡波：《試論歷史心理學及其研究物件》，載《學習與探索》，1988年第二期。

12.裔昭印：《心理學原理在歷史研究中的

應用》，載《上海師範大學學報》，1988年第四期。

13.王玉波：《傳統的家庭認同心理探析》，載《歷史研究》，1988年第四期。

14.林奇：《研究封建社會史必須重視對帝王個性心理的分析》，載《社會科學家》，1988年第五期。

15.羅鳳禮：《西方心理歷史學》，載《史學理論》，1989年第一期。

16.羅鳳禮：《再談西方心理歷史學》，載《史學理論》，1989年第四期。

17.朱孝遠：《現代歷史心理學的產生和發展》，載《歷史研究》，1989年第三期。

19.徐浩：《探索「深層」結構的歷史：年鑑學派對心態史和歷史人類學研究評述》，載《學習與探索》，1992年第二期。

20.呂一民：《法國心態史學述評》，載《史學理論研究》，1992年第三期。

21.葛荃：《中國傳統制衡觀念與知識階層

政治心態》，載《史學集刊》，1992年第三期。

22.遲克舉：《試論歷史人物的個性在社會歷史中的作用》，載《社會科學》，1993年第九期。

23.徐奉臻：《群體心理歷史學探微》，載《求是學刊》，1993年第四期。

24.胡波：《社會心理與歷史研究》，載《廣東社會科學》，1994年第二期。

25.王建光：《明代學子的心態及其價值取向的歸宿》，載《史學月刊》，1994年第二期。

26.吳寧：《非理性因素在社會發展中的作用》，載《社科資訊》，1994年第八期。

27.邱昌胤：《心理分析法：一種馬克思主義史學方法》，載《貴州師大學報》，1996年第二期。

28.宋超：《漢匈戰爭對兩漢社會心態的影響》，載《史學理論研究》，1997年第四期。

29.羅鳳禮：《心理史學與馬克思主義史學》，載《史學理論研究》，1998年第三期。

30.鄒兆辰：《當代中國史學對心理史學的回應》，載《史學理論研究》，1999年第一期。

以上所列，爲本書作者所見，遺漏是難免的。僅從大陸新時期所發表的這些論文來看，它大致涉及到以下一些問題：心理史學的學科地位、理論架構與發展前景；心理史學與馬克思主義的唯物史觀的關係；個體心理（如帝王心理）與群體心理（如商人階層）；社會心理、民族意識與文化心理；心理史學與心態史學之異同；西方心理史學的衍變與現狀；佛洛伊德的精神分析學說與歷史研究；當代美國心理史學的發展等等。總之，這些論文在一定程度上反映了域外這一史學新說在當代中國大陸學術界所激起的迴響。

在這裏，我們要特別提到兩部著作：

一是謝天佑的《專制主義統治下的臣民心理》，吉林文史出版社，1990年6月第一版。這本書著眼於歷史人物和歷史活動的心理刻劃，藉由對兩千年來臣民心態的分析，闡發秦始皇嬴政以來君臣間的心機和智術，以及忠臣義士的應對苦心，於中國古史研究另闢蹊徑，令人有耳目一新之感。此書雖因作者的溘然逝世而戛然中止，所寫才及半，但作者借用西方心理學的方法運用於中國古史的研究，所敘所論恣肆新穎，其思緒足以表明作者之識見，而又無生搬硬套西方社會心理學術語之嫌。這本書的出版，可以認爲是中國大陸學界對西方心理史學的一個重大的反響。

另一是彭衛的《歷史的心鏡：心態史學》[6]，河南人民出版社，1992年12月第一版。這是大陸學界第一部比較有系統的關於心理史學理論架構的作品。作者用心理學方法研究歷史人物和歷史進程，向人們揭示往昔歲月中各種人的動機、慾望、氣質、性格、情感、智慧、能力、處世觀、擇偶觀、生死觀等精神狀態，窺探群體幻覺和重要歷史人物的變態心理等，爲人們洞悉歷史深層打開了一扇新的窗口。作者年少才盛，其書不僅材料豐贍，內容宏富，而且論述精審，自成一說，文采斐然，值得一看。

關於臺灣心理史學方面開展的情況（包括譯介與著述），我們所知甚少，這裏只能略說一二。

眾所周知，從五〇年代開始，臺灣的心理史學研究與同時期的中國大陸情況不同，它大體承襲了二十世紀前期的方式，在經過了一段時間的沉寂後，於六〇年代末開始勃興。從七〇年代開始，臺灣學術界陸續譯介西方學者的有關著作，如有：Frank E・曼紐爾（Frank E. Manuel）的《心理學在史學上的應用與濫用》（原載*Daedalus*, Winter 1971），江勇振譯，載《食貨》復刊二卷十期（1973年2月）。又如，康樂、黃進興主編的《歷史學與社會科學》的論文集（華世出版社，1981年12月出版），其中收有兩篇很重要的心理史學譯文，它們是：

1.Fred Weistein and Gerald M. Platt, *The Coming Crisis in Psychohistory.*（《當前心理史學的危機》）。

2.Bruce Mazlish, *Reflections on the States of Psychohistory.*（《對當前心理史學發展的回顧》）。

兩文均爲七〇年代中葉美國心理史家的作品，翻譯者爲康綠島。此外，康綠島還翻譯了當代美國心理史學名家艾力克森的名作《青年路德》，由臺北源流出版公司1985年出版。

與此同時，心理學的發展又爲心理史學的成長起到了推波助瀾的作用，如楊國樞提出的社會心理學理論頗有特色。尤其值得一提的是揚智文化事業股份有限公司近年推出的「心理學叢書」，以譯作爲主，亦有著述，如郭靜晃等著的《心理學》（合訂本）、高尚仁編著的《心理學新論》等，出版後深受好評。

臺灣學者殷海光、余英時在六〇、七〇年代，就關注並運用心理學的方法於歷史研究領域中。此外，張玉法的《心理學在歷史研究上的應用》，縱論心理史學的方方面面，很可參考，此文載張玉法著《歷史學的新領域》一書，臺北聯經出版事業公司，1978年12月初版。

臺灣學界的心理史學研究較多地側重於個體心理，關注那些活動於歷史前臺上的人物，而較少研究歷史上群體的精神面貌。這方面的論著所見的有：

1.雷家驥：《狐媚偏能惑主：武則天的精神與心理》，臺北聯經出版公司，1981年版。

2.張世賢：《五代開國君主政治人格類型分析》，載臺灣《行政學報》，1986年第五期。

3.張瑞德：《蔣夢麟早年心理上的價值衝突與平衡》（光緒11年至民國6年），載《食貨》復刊第七卷。1977年11月。

臺灣的心理史學在二十世紀八〇年代中期

以後，亦處於低谷，這一點大體上與西方心理史學的發展進程倒是相吻合的。

第三節　東學西漸

文學家柯靈曾記載過這樣一個掌故：1936年，日本文學家島崎藤村從南美歸國，途經上海，適值魯迅先生逝世不久，這位日本作家特地到魯迅故居憑吊，在魯迅生前常用的椅子上坐了一下。島崎歸國後乃撰文追憶，說他在那一瞬間恍惚感覺到魯迅的體溫傳到了自己的身上。

這則文壇軼事很值得我們細細品味。這裏說的是文學交流所能引起的溝通作用，那麼，史學交流呢？抑或其他學術文化的交流呢？我想，也是能的。如果缺少了這種交流，這種國家與國家、民族與民族、地區與地區、東方與西方之間的互通、互介、互學、互訪，那麼現代人類也會感到蒼白與淺薄的。

「銅山西崩，洛鐘東響」，這一成語只說及了「西」對「東」的影響，只說到了一半，事實上，文化的交流總是雙向的，即上文所強調的「互」字，在學術文化交流史上，東西互相交彙與相互影響的事例不勝枚舉，如晚近以來由季羨林主編的「東學西漸：中國文化在西方」叢書（河北人民出版社出版），便是東方（中國）文化西傳及其在西方所產生的迴響。鑒於這樣的理由，本節以簡略的文字，陳述一下中國文化（當然就題旨中的心理學方面）對西方的影響，以爲學術文化交流的雙向與互動作一點補白。[7]

就心理學而言，西方學者們對「中國智慧」的神往，其實並不亞於中國的心理學家們對西方心理學的迷信，當代西方心理學出現的一個新分支「東一西方心理學」，乃是東西方心理學交彙的結果，「東方心理學」已成爲西方心理學家所關注的一個重要領域，在美國一些大學已開設專門的「東方心理學」課程，中國學者在它們那裏講授這類課目，深受好評。

事實表明，西方的一些心理學家如榮格、馬斯洛、弗洛姆等人，無不與中國文化（心理學）有著密切的接觸，也不諱言從中所獲得的靈感。

一、榮格

榮格的心理學說，有著中國文化的深刻影響。他的自傳《回憶·夢·思考》引中國老子的話作爲結束，從中不難看出他與「道」的內在溝通。他在自傳中這樣寫道：「老子說，『眾人皆明，唯吾獨懵』，『眾人熙熙，如享太牢，如春登臺。我獨泊兮，其未兆；沌沌兮，如嬰兒之未孩；累累兮，若無所歸。』這正是此時的我所感受的。老子是具有超然領悟力的典範，他能夠體驗到價值與整體，體驗到一致性。於是，老子在其老年的時候，願意回歸其自身本來的存在，回歸於那永恒而未知的意義之中。」

又，榮格於《易經》，也有言論說明了他受到過博大精深的中國文化的影響。榮格如是說道：「《易經》中包含著中國文化的精深和心靈；幾千年中國偉大智者的共同傾注，歷久而彌新，仍然對理解它的人，展現著無窮的意義和無限的啓迪。」又說：「任何一個像我這樣，生而有幸能夠與維爾海姆，與《易經》的預見性力量，做直接精神交流的人，都不能夠忽視這樣一個事實，在這裏我們已經接觸到了一個『阿基米德點』，而這一『阿基米德點』，足以動搖我們西方對於心理態度的基礎。」榮格把《易經》說成是「阿基米德點」，而正是這個「點」成了他的心理學發展的基礎。

二、馬斯洛

當馬斯洛在構建其人本主義心理學說時，他借助的也正是東方的智慧。馬斯洛接受過中國哲學的思想影響，他閱讀了中國道家的文獻資料，東方傳統的禪思與冥想技術，對於西方人的心理與行爲的發展，對於馬斯洛的「自我實現」的主張，都發生了重要的影響。伴隨馬斯洛人本主義心理學說的奠建，他同時也勾畫出了「東一西方心理學」發展的最初思路。

三、弗洛姆

弗洛姆著有《禪與精神分析》一書，那是他從東方獲得靈感的切實體驗，尤其是弗洛姆對道家人格和思想的嚮往，給人們留下了深刻的印象。即使是佛洛伊德，也會在弗洛姆的著作中，借用或者是引用中國文化智慧，從中獲得啓發。

時賢有「文化中國」之說，此乃智者之言矣。爲了達到這樣的目的，我們以爲，在這新世紀來臨的時機，借助第二十七屆奧運會上華夏體育健兒之雄威，播撒與弘揚中華民族的優秀的文化遺跡，並接受外來文化的挑戰，祈盼中國文化的重新崛起。當有期也。

注釋

1.班茲（巴恩斯），《新史學與社會科學》，董之學譯，商務印書館，1933年10月，初版，第260頁。

2.梁啓超，《讀日本書目誌書後》，載《飲冰室合集》（一），中華書局，1989年版，第53頁。

3.參見潘光，《猶太人與中國：關於1840年後來華猶太人及其與中國關係的研究》，上海華東師範大學2000年度博士論文，未刊。又，本書作者張廣智是潘光這一篇博士學位論文的答辯委員會成員，論文作者在答覆我提出的問題時，還提供了韓芬來華傳授佛洛伊德精神分析學說中的若干章節。

4.爲了與朱光潛原書的人名、地名相符，本書此處沿用朱氏原書之譯稱，在括弧内注了當代的一種譯法。

5.朱光潛，《變態心理學派別》，上海，開明書店1930年，初版，第102頁。

6.彭衛在《歷史的心鏡：心態史學》一書中，把psychohistory譯爲「心態史學」，似有不妥，還是用習譯「心理史學」爲好。故他的書名「心態史學」，實際上是「心理史學」的同義詞。

7.需要說明的是，本小節有關中國文化對西方心理學影響的文字，取材於高嵐與申荷永的論文《中國文化與心理學》，載《學術研究》（廣州），2000年，第8期。

結語　我們應當如何看待心理史學？

我們在前言中寫到了一張美麗的臉，一張被作家稱之爲「金枝玉葉」的郭家小姐的臉，並說到由臉部的表情（從老照片中）而反映出她心靈世界的變化，進而所折射出的時代與社會的變革。面對這些老照片，人們在喟歎之餘，某種歷史意念徒然而生，撲面而來……

在這裏，我們繼續沿著前言的思路，寫一張臉，一張醜惡的臉。那是登在2000年9月6日大陸出版的一張很有影響的《中華讀書報》上，標題即爲「你看，你看，汪精衛的臉」。報上刊有一組汪精衛講演連拍的照片，顯示當時正在演講的汪精衛之狀態。這些照片取自日本人當時所辦的畫報，他們的意思當然是正面宣傳有著雄辯口才的汪精衛，但給讀者的視覺效果卻是「醜化」了他。其實，這些作爲「正面報導」的照片，卻是當上漢奸後汪精衛內心世界的眞實寫映，你看他的眼神不能正視而偏下，肢體語言誇張而又虛假，一副委瑣卑微、蠅營狗苟的漢奸相。從這張醜惡的臉部表情的變化，人們分明可以窺見汪精衛的心靈世界的變化，並進而觀照出時代風雲變化之假象……

從前言寫的那張美麗的臉到結語所寫的那張醜惡的臉，作者並不是有什麼「寫臉癖」，而是爲了說明研究歷史人物心靈世界的變化，有助於歷史研究的深化，換言之，歷史的心理研究有其可取之處，心理學的理論或方法是可以在史學研究中應用，並有用武之地的。

現在的問題是，心理史學仍在經歷著種種的磨難，正如美國學者科胡特所言：

> 不同流派的歷史學家儘管對歷史學科的方法論感到不安，但卻都以為可以無所顧忌

地批評心理史學。心理史學似乎成了吸收歷史學專業自身某些不安情緒的避雷針。[1]

那麼，我們應當如何看待心理史學，如何看待它的弊端，並由之而來的是如何看待現當代西方新史學，以及它與馬克思主義史學之間的關係呢？

一

多年來，我們在總結工作的時候，有一句常用的套話：成績是主要的，缺點是難免的（次要的），或是對缺點總是說那是前進中的問題。

好一個「前進中的問題」！我以爲，此話套用到我們對心理史學的評估，倒是再恰當不過了。

歷史研究中運用心理分析，起源甚早。但現代意義上的心理史學卻是要等到心理學與歷史學都已成爲獨立的專門學科之後。就我們看來，現代心理史學發端於二十世紀初，具體說來，即是佛洛伊德於1910年用精神分析學說運用於個體人物的歷史研究。此後一段時期，在西方出現不少用精神分析理論撰寫傳記的作品，但從事者鮮有歷史學家的蹤影。直至在1957年美國歷史協會主席威廉·蘭格「下一個任務」的鼓舞之下，翌年美國新一代的心理史學家艾力克森寫出了這一方面的經典名著《青年路德：對精神分析學與歷史學的研究》。直到此時，在歐洲由佛洛伊德播下的心理史學的種子才在當代心理史學最發達的地區，大洋彼岸的美利堅的土地上「生根開花」，才有了現代意義的心理史學的發展。

可以這樣說，現代意義上的心理史學的發展不足百年，如果從1958年艾力克森的《青年路德》一書問世之時算起，心理史學的現當代歷程還不過四十多年。與有長遠歷史與悠久傳統的西方傳統史學相比，它簡直是一個「小不點」，一個「新生兒」。

如此說來，它因稚嫩而顯露出來的種種不足，它爲批評家所訾議的生物決定論或文化決定論，或只注意強調個人無意識欲念而不關注決定個人行動和心理因素的社會根源等等弊病，那就不足為奇了。

事實很清楚，現代西方心理史學，行程短暫，很不成熟，還在流，未成派。它的種種問題，是在前進中產生的，任何粗暴的攻擊都不可取，在背後評頭論足也不對，對它的缺陷採取「友善容忍」將於事無補，正確的態度是要幫助它克服，在前進中加以探索與解決。

就筆者個人以為，當下心理史學的發展，需要突破。通常我們所謂的心理史學的定義，是艾力克森的「經典定義」：「從根本上說，心理史學就是用精神分析理論和歷史學相結合的方法來研究個人和群體生活。」應當承認佛洛伊德用精神分析理論運用於歷史研究，取得了令學界為之矚目的成績，但佛氏之研究，停留於自我、本我、超我的心理陳說，他的理論和研究並不能進一步推動心理史學的發展，如果不突破佛洛伊德所設置的本我、自我、超我心理學的舊框架，不從社會文化環境因素來解釋人的行爲和歷史事件，那麼，心理史學就只能在原地踏步，而不可能有新的發展。

是艾力克森打破了這種局限，重視社會文化因素的影響，拓寬了心理史學的研究範圍，推動了心理史學在五〇年代以來的美國史壇的勃興。但艾力克森的研究，仍難逃佛洛伊德精神分析理論的根本缺陷。於是，突破精神分析理論，如今又成了心理史學發展的題中應有之義。

事實上，歷史學與心理學的結合，不僅僅與佛洛伊德的精神分析的心理學說有關，還應當與現當代心理學家的各家各派學說相結合，如運用行爲主義心理學、認知心理學等理論與方法於歷史研究的領域之中，就頗具新意，顯示了與精神分析心理史學不同的個性與特點，在此不再舉例說明了。

我們當然不能說，精神分析心理史學之途已走到了它的盡頭，而是說心理史學要繼續前進，需要擺脫完全依賴佛洛伊德心理學理論的研究路數，而注目於更寬廣的研究領域，運用更廣泛的心理學理論，這是心理史學克服自身缺陷的必經之路，同時也是心理史學未來的發展趨勢。

二

作爲西方新史學的一個「新生兒」，它所暴露出來的缺點，也正是現當代西方新史學在行進中所需要克服的。因此，我們如何看待心理史學在前進中的缺點，從根本上來說，也是如何正確看待西方新史學在前進中的缺點。

就心理史學的研究方法而言，它與傳統史學的方法確實有別。如，在崇尚蘭克史學的傳統史學家那裏，他們信奉信史出於第一手史料的主張，並以不偏不倚的態度來撰史，而反對任何理論的指導；而心理史學家則依靠理論，用心理學的各家各派的理論來理解與闡釋歷史，故史料的不足或無據，往往爲心理史學家所詬病。又如，正如科胡特所言，心理史學方法採納證據的範圍比傳統史學寬。通常歷史學家只從歷史往事中尋找證據，但心理史學家，在依靠理論進行分析時，也用現在的事情作證據，以證實他們的解釋。他們在將精神分析理論應用於歷史問題時，並不企圖以歷史的證據來證實其理論的可靠性。這與傳統史學的方法是大異其趣的。因此，我們不能用傳統史學的眼光，簡單地來衡量心理史學之短長與優劣。

以心理史學爲例的此種新史學方法與傳統史學的差異，在影視史學那裏、在計量史學那裏、在口述史學那裏，都還可以舉出不少的差異，我們毋需一一列出這兩種範型的區分。這裏再說一點，我曾在《年鑑學派》一書的結語中，說過這樣一段話：

> 年鑑學派（西方新史學的代表）的史家們打破了傳統史學封閉式的圓圈，強調要把整個社會與人類的命運作為自己的研究物件，積極倡導跨學科、多學科研究，這就為歷史學和社會學與自然科學各學科之間的交流、融合作出了一種戰略選擇。[2]

心理史學家雖然沒有年鑑學派那樣要把整

個社會與人類的命運作爲自己研究物件的「雄心壯志」，但他們與年鑑學派的歷史學家們一樣，致力於突破傳統史學的樊籬，他們的跨學科研究方法是完全符合現當代西方新史學發展趨勢的，在這種「戰略選擇」中，他們也是「史學革命」營壘中的「馬前卒」。在這種跨學科交彙與融合的史學文化的潮流中，誰反對心理史學，誰以挑剔的眼光，一味跟心理史學作對，這不啻是對現當代西方新史學發展潮流的一種挑戰。

筆者以爲，心理史學家應該接受這種挑戰，突破陳說，另闢蹊徑，捨此，別無他途。在這種過程中，心理學家與歷史學家應該攜起手來，取長補短，互相合作，共同前進。這是心理史學尋求新發展所迫切需要解決的問題。

從現代心理史學發展的簡史來看，最初活躍在心理史學領域的大多是心理學家而非歷史學家，年鑑學派奠基人之一呂西安・費弗爾曾這樣說過：「一種眞正的歷史心理學，只有透過心理學家和歷史學家明卻地協商，才有可能獲得一致。歷史學家由心理學家指點方向。」[3]確實，在心理史學發展的初始階段，在歷史研究中運用心理分析方法，心理學家們能起到的作用要比歷史學家更重要。正因爲如此，心理史學在此時所顯露的令傳統歷史學家吃驚的成就的同時，也暴露出它的不足，究其因，這在相當大的程度上，是歷史學家疏離心理史學的結果。

我在《影視史學》一書中，[4]談及歷史學家應與戲劇家、影視藝術家等「結盟」，共同從事影視史學的建設時，說到漫畫家華君武的一幅漫畫：「何不下樓合作」。在那幅漫畫中，一位歷史學家在批判戲劇家：「你不瞭解歷史！」而一位戲劇家則批評歷史學家：「你不瞭解藝術！」華君武用漫畫的形式形象地表達了他們下樓合作的必要性。如今，時間已過去了四十年，漫畫家的「何不下樓合作」的吶喊，在今天仍有其現實意義，這對於歷史學家與心理學家的攜手合作，也有其現實意義。

三

在七〇年代，法國知名的馬克思主義理論家塞弗在〈心理分析和歷史唯物主義〉一文中，開首這樣寫道：

> 究竟應該怎樣看待心理分析學說和馬克思主義之間的關係，我們對這個問題半個世紀以來的發展情況越是深入地進行了研究，就越會經常地感覺到：這個問題已經解決了。[5]

「這個問題已經解決了」？塞弗之論，令人生疑。應當說，用馬克思主義及其唯物史觀如何正確地對待心理史學的問題，並未解決，它迄今仍擺在我們的面前，等待著我們去回答。

這顯然是一個可以發表長篇大論的議題，但此處顯然不容我們這樣做，只能略說幾句，以示作者之立場。

我們以爲，馬克思主義史學與心理史學並非格格不入。恰恰相反，他們都企求用科學的方法，致力於探求事物與人物的奧秘，以發現歷史的眞相。誠然，他們在理論體系、思維方式乃至辭彙概念（「工作語言」）等方面，又顯示出了很大的差異，乃至巨大的差異，如用精神分析學說運用於歷史研究，他們常用的「本我」、「自我」、「超我」、「利比多」等「話語」確實不曾在唯物史觀那裏發現；反之，生產力與生產關係、經濟基礎與上層建築等概念，在心理史學中也遭到了擯棄。但這並不能成爲兩者不能交彙、對話與溝通的理由。彭衛曾在其《歷史的心鏡：心態史學》一書中專門討論過這個問題，有一段話值得我們重視。他指出：

> 事實上，內容不同的思想流派，從對方身上獲得的啓發，吸取到的有意義的東西往往會更多、更廣泛一些，無論這個啓迪是來自正面，還是來自反面。其中的道理既簡單又複雜：別人看到了你沒有看到或忽視的東西。何況，否認歷史唯物主義與心理分析的聯繫，片面強調二者的對立，是

缺乏深入分析和必要論證的，因而也是膚淺的。[6]

因此，在歷史研究中，運用馬克思主義唯物史觀與運用心理學的方法（如人物的心理、性格分析等）是可以並行不悖而不互相排斥的，只要運用得當，他們更不是水火不相容，而是可以互補的。其實，在歷史研究中，迴避歷史事件與人物心理層面，並不符合馬克思與恩格斯的原意。那些自稱是掌握了馬克思主義的唯物史觀，把自己束縛在一個「社會經濟解剖學」的框框內，而不關注除經濟因素之外的其他非經濟因素，那麼他們的歷史研究只能是越來越偏離馬克思主義史學的方向，而不可能是相反。

我們曾在二十世紀八〇年代末以「走向歷史深處」爲題撰文介紹現代西方心理史學。敝帚自珍，我認爲這一「走向歷史深處」的「話語」，很可以說明心理史學的意義，也很可以說明它的前途與命運。對此，現代英國歷史學家傑弗里・巴勒克拉夫有一段話說得不錯，不妨引出權作本書之「結尾」。他說：

> 對歷史上的每一個決策和事件所做的合理分析都留下了一部分剩餘的問題未加以解釋。只要心理學能夠幫助歷史學家弄清這些剩餘的問題，歷史學家就不會拒絕它的幫助。然而，心理學透過提出新問題來幫助歷史學家澄清自己的思想也許比為歷史學家提供新答案的可能性更大。只要對心理學加以謹慎的應用，便沒有任何理由不應當借助於心理學來擴大歷史理解的範圍。[7]

必須指出，巴勒克拉夫並非是一位馬克思主義史家。但是，細讀上引巴氏之論，能說他的這種論見是與馬克思主義及其唯物史觀背道而馳的嗎？不知讀者諸君以爲如何？

注釋

1.托馬斯·A·科胡特，《心理史學與一般史學》，羅鳳儀譯，載《史學理論》，1987年，第二期。

2.張廣智、陳新，《年鑒學派》，台灣揚智文化事業股份有限公司，1999年1月，初版，第198頁。

3.田汝康、金重遠選編，《現代西方史學流派文選》，上海人民出版社，1982年6月，第一版，第61至62頁。

4.張廣智，《影視史學》，台灣揚智文化事業股份有限公司，1998年10月，初版，第163頁。

5.L. 塞弗，《心理分析和歷史唯物主義》，載《馬克思主義對心理分析學說的批判》，北京，商務印書館，1985年9月，第一版，第151頁。

6.彭衛，《歷史的心鏡：心態史學》，河南人民出版社，1992年12月，第一版，第10頁。

7.杰弗里·巴勒克拉夫，《當代史學主要趨勢》，楊豫譯，上海譯文出版社，1987年2月，第一版，第113頁。

參考書目

一、英文部分

Barzun, Jacques, *Clio and the Doctors: Psycho-History, Quanto-History and History*, Chicago, 1984.

Breisach, Ernst, *Historiography: Ancient, Medieval and Modern*, Chicago, 1983.

Erikson, Erik H., *Dimensions of a New Identity*, New York, 1974.

Erikson, Erik H., *Young Man Luther: A Study in*

Psychoanalysis and History, New York, 1962.

Gilderhus, *History and Historians*, New Jersy, 1996.

Gay, Peter, *Freud for Historians*, New York, 1985.

Izenberg, Gerald, Psychohistory and Intellectual History, in *History and Theory*, 14(1975).

Kammen, Michael, ed., *The Past Before Us: Contemporary Historical Writing in the United States*, Ithaca, 1980.

Loewenberg, Peter, *Decoding the Past: The Psychohistorical Approach*, New York, 1983.

Stoianovich, T., *French Historical Method: The Annales Paradigm*, Ithaca,1976.

Weinstein, Fred & Platt, G. M., "The Coming Crisis in Psychohistory" , in *The Journal of Modern History*, 47(1975).

Weinstein, Fred, Psychohistory and the Crisis of Social Science, in *History and Theory*, 74-4(1995).

二、中文部分

張春興、楊國樞，《心理學》，臺灣，三民書局，1975年修正版。

楊清，《現代西方心理學主要派別》，沈陽，遼寧人民出版社，1986年10月，第二版。

唐鉞，《西方心理學史大綱》，北京大學出版社，1982年3月，第一版。

J・A・舍倫伯格，《社會心理學的大師們》，孟小平譯，遼寧人民出版社，1987年7月，第一版。

T・H・黎黑，《心理學史：心理學思想的主要趨勢》，劉恩久等譯，上海譯文出版社，1990年8月，第一版。

佛洛伊德，《精神分析引論》，高覺敷譯，北京，商務印書館，1984年11月，第一版。

佛洛伊德，《佛洛伊德後期著作選》，林塵等譯，上海譯文出版社，1986年6月，第一版。

艾力克・艾力克森，《同一性：青少年與危機》，孫名之譯，杭州，浙江教育出版社，1998年12月，第一版。

艾力克・艾力克森，《童年與社會》，羅一靜等編譯，上海，學林出版社，1992年7月，第一版。

古斯塔夫・勒龐，《烏合之眾：大眾心理研究》，馮克利譯，北京，中央編譯出版社，2000年1月，第一版。

喬治・H・米德，《心靈、自我與社會》，趙月瑟譯，上海譯文出版社，1992年2月，第一版。

C・克萊芒、P・布律諾、L・塞弗，《馬克思主義對心理分析學說的批評》，北京，商務印書館，1985年9月，第一版。

大衛・斯坦納德，《退縮的歷史：論佛洛伊德及心理史學的破產》，馮鋼等譯，浙江人民出版社，1989年7月，第一版。

勞埃德・德莫斯，《人格與心理潛影》，沈莉等譯，上海人民出版社，1989年9月，第一版。

埃馬紐埃爾·勒華拉杜里，《蒙塔尤：1294-1324年奧克西坦尼的一個山村》，許明龍、馬勝利譯，北京，商務印書館，1997年10月，第一版。

彭衛，《歷史的心鏡：心態史學》，河南人民出版社，1992年12月，第一版。

羅鳳禮，《歷史與心靈：西方心理史學的理論與實踐》，北京，中央編譯出版社，1996年6月，第一版。

康樂、黃進興主編，《歷史學與社會科學》，華世出版社，1981年12月，初版。

田汝康、金重遠選編，《現代西方史學流派文選》，上海人民出版社，1982年6月，第一版。

何兆武主編，《歷史理論與史學理論：近現代西方史學著作選》，北京，商務印書館，1999年1月，第一版。

羅鳳禮主編，《現代西方史學思潮評析》，北京，中央編譯出版社，1996年7月，第一版。

伊格爾斯主編，《歷史研究國際手冊》，北京，華夏出版社，1989年5月，第一版。

伊格爾斯，《二十世紀的歷史科學：國際背景評述》，載北京《史學理論研究》，1995年第一期至1996年第二期各期。

王晴佳、古偉瀛，《後現代與歷史學》，臺灣，巨流圖書公司，2000年4月，初版。

張廣智、張廣勇，《史學，文化中的文化：文化視野中的西方史學》，臺灣，淑馨出版社，1992年，初版。

張廣智主著，《西方史學史》，上海，復旦大學出版社，2000年1月，第一版。

張玉法，《歷史學的新領域》，臺灣聯經出版公司，1978年12月，初版。

巴勒克拉夫，《當代史學主要趨勢》，上海譯文出版社，1987年2月，第一版。

伊格爾斯，《歐洲史學新方向》，北京，華夏出版社，1989年3月，第一版。

班茲（巴恩斯），《新史學與社會科學》，董之學譯，上海，商務印書館，1933年10月，初版。

魯濱遜，《新史學》，齊思和等譯，北京，商務印書館，1964年6月，第一版。

勒高夫、諾拉、夏蒂埃、勒韋爾主編，《新史學》，上海譯文出版社，1989年8月，第一版。

勒高夫、諾拉主編，《史學研究的新問題、新方法新對象》，郝名瑋譯，北京，社會科學文獻出版社，1988年8月，第一版。

張廣智、張廣勇，《現代西方史學》，上海，復旦大學出版社，1996年5月，第一版。

何兆武、陳啓能主編，《當代西方史學理論》，北京，中國社會科學出版社，1996年9月，第一版。

張廣智，《影視史學》，臺灣，揚智文化事業股份有限公司，1998年10月，初版。

心理史學　　文化手邊冊

著　　者／張廣智　周兵
出 版 者／揚智文化事業股份有限公司
發 行 人／葉忠賢
責任編輯／賴筱彌
登 記 證／局版北市業字第 1117 號
地　　址／台北市新生南路三段 88 號 5 樓之 6
電　　話／886-2-23660309　886-2-23660313
傳　　真／886-2-23660310
E－mail ／tn605541@ms6.tisnet.net.tw
印　　刷／偉勵彩色印刷股份有限公司
法律顧問／北辰著作權事務所　蕭雄淋律師
初版一刷／2001 年 10 月
ＩＳＢＮ／957-818-314-3
定　　價／新台幣 200 元

郵政劃撥／14534976
帳　　戶／揚智文化事業股份有限公司

國家圖書館出版品預行編目資料

心理史學 ＝Psychohistory／張廣智，周兵著. -- 初版. – 臺北市：揚智文化，2001〔民90〕
面；　公分.

ISBN　957-818-314-3（平裝）

1. 心理學 — 歷史

170.9　　　　90013288